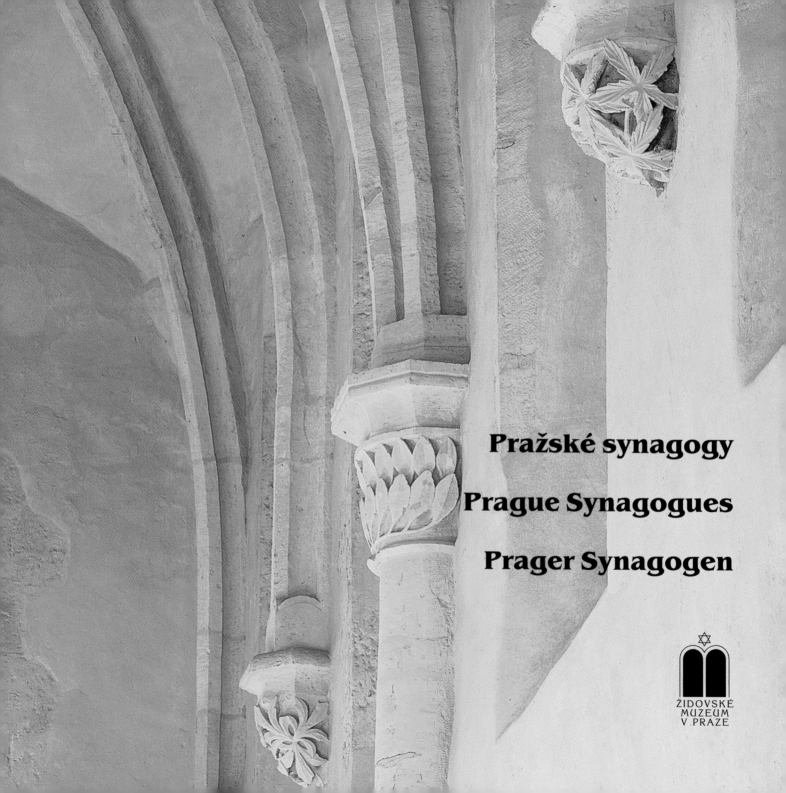

Pražské synagogy

Prague Synagogues

Prager Synagogen

ŽIDOVSKÉ
MUZEUM
V.PRAZE

Pražské synagogy

Praha je jedním z nejstarších a nejvýznamnějších židovských středisek ve střední Evropě. Díky své poloze uprostřed země se pražská židovská obec stala od počátku správním centrem ostatních židovských obcí v Čechách a její historické osudy tvoří podstatnou část dějin Židů v celém království. Během tisícileté historie pražské židovské obce nedošlo nikdy v minulosti – i přes četné katastrofy, pogromy a pokusy o vypovězení – k přerušení kontinuity zdejšího židovského osídlení a náboženského života. V různých historických dobách se pražské Židovské Město stalo útočištěm mnoha souvěrců vyháněných z okolních zemí a díky tomu také načas jednou z nejpočetnějších židovských obcí Evropy.

Vedle Starého židovského hřbitova jsou nejvýznamnějšími památkami pražského Židovského Města jeho synagogy. Tyto stavby jsou nejen význačnými architektonickými památkami, ale také dokladem historického vývoje Židovského Města a symbolem jednotlivých období jeho života. Synagogy v minulosti nesloužily pouze bohoslužebným shromážděním, ale soustředil se v nich i veřejný život obce. Byly také středisky vzdělávání, a proto byly často nazývány školou, odbývaly se zde věroučné diskuse, zasedali tu starší židovské obce a konala se zde její shromáždění. Synagogy byly budovány v obvyklých slohových formách své doby, jejich zvláštností je však uspořádání vnitřního prostoru, odpovídající potřebám synagogální bohoslužby.

Prague Synagogues

Prague is one of the oldest and most prominent Jewish centres in Central Europe. Due to Prague's central location, its Jewish community became a natural administrative centre for the other Jewish communities in Bohemia, which is why its history constitutes a major part of the history of the Jews throughout the Czech kingdom. Despite frequent natural catastrophes, pogroms and attempts at expulsion during the thousand-year history of the Jewish community of Prague, there has never been any disruption in the continuity of the local Jewish settlement and religious life. The Jewish Town of Prague became, in various periods of history, a refuge for many co-religionists expelled from neighbouring countries and also temporarily one of the largest Jewish communities in Europe.

Apart from the Old Jewish Cemetery, the most prominent sites of Prague's Jewish Town are its synagogues. These outstanding architectural monuments testify to the development of the Jewish Town and symbolize the individual periods of its history. In the past, synagogues were not only used for religious services, but were also venues for the community's public activities. In addition, they were places of education, which explains why they were often called schools. Discussions on questions of faith and meetings of Jewish community elders were also held here. Synagogues were built in the common styles of the day but had specially arranged interiors that corresponded to the particular requirements of synagogal service.

Prager Synagogen

Prag ist eins der ältesten und bedeutendsten jüdischen Zentren in Mitteleuropa. Dank ihrer Lage in der Mitte des Landes war die Prager jüdische Gemeinde von Anfang an das Verwaltungszentrum der übrigen jüdischen Gemeinden in Böhmen, und ihre Schicksale bildeten immer einen wesentlichen Teil der Geschichte der Juden im gesamten Königreich. Während des tausendjährigen Bestehens der Prager jüdischen Gemeinde kam es in der Vergangenheit trotz zahlreicher Katastrophen, Pogrome und Vertreibungsversuche nie zu einer Unterbrechung in der Kontinuität der hiesigen jüdischen Besiedlung und des religiösen Lebens. Zu verschiedenen Zeiten wurde die Prager Judenstadt Zufluchtsort für viele Glaubensbrüder aus den benachbarten Ländern und infolgedessen vorübergehend auch die bevölkerungsreichste jüdische Gemeinde Europas.

Neben dem Alten jüdischen Friedhof sind die Synagogen die bedeutendsten Denkmale der Prager Judenstadt. Diese Bauwerke sind nicht nur hervorragende Architekturdenkmale, sondern auch Belege für die historische Entwicklung der Judenstadt. Die Synagogen dienten in der Vergangenheit nicht nur dem Gottesdienst, in ihnen konzentrierte sich auch das öffentliche Leben der Gemeinde. Sie waren gleichfalls Bildungszentren und wurden deshalb oft auch Schulen genannt. Hier wurden Diskussionen über Glaubensfragen geführt, saßen die Ältesten der jüdischen Gemeinde zusammen und fanden deren Ratsversammlungen statt. Die Synagogen wurden in den Stilformen der jeweiligen Zeit errichtet, ihre Besonderheit beruht jedoch auf der Gestaltung des Innenraums, die den Bedürfnissen des synagogalen Gottesdienstes entsprach.

Synagogální bohoslužba

Po tragické zkáze prvního Jeruzalémského chrámu v roce 586 př. o. l. Židé v babylónském exilu postupně přenesli bohoslužbu do shromáždění, zvaných později řecky *synagogé*. Tak se pak obvykle nazývaly také budovy, v nichž se náboženská shromáždění konala, hebrejské označení pro modlitebnu je *bet ha-kneset* - dům shromáždění. Když byl Jeruzalémský chrám obnoven, zůstal tento nový typ náboženských shromáždění zachován. Bohoslužba v synagoze se odlišovala od bohoslužby chrámové tím, že pravidelné oběti byly nahrazovány čtením z Tóry a biblických knih, modlitbami, kázáním a diskusí. Po zboření druhého Jeruzalémského chrámu Římany v roce 70 o. l. a po vypovězení Židů z Judeje se synagogy staly centrem duchovního života Židů nejen v Palestině, ale postupně ve všech zemích židovské diaspory.

Synagogální bohoslužba sestává z modliteb a předčítání biblických textů Tóry a proroků. Bohoslužby vede *kantor* neboli *chazan*, který melodicky recituje modlitby. Běžné denní modlitby se dělí na ranní - *šacharit*, odpolední - *mincha* a večerní - *maariv*. Při ranní modlitbě si muži oblékají modlitební plášť - *talit* - s třásněmi, které připomínají Boží přikázání, ve všední den si na čelo a levou ruku připevňují *tefilin* - kožená pouzdra s úryvky textu Tóry. Jako modlitební kniha se používá *sidur* pro modlitby všedního dne a šabatu a *machzor* pro jednotlivé svátky.

Synagogal Service

It was after the destruction of the first Temple of Jerusalem in 586 BCE that Jews in Babylonian exile began to hold liturgical services in gatherings, which later became known in Greek as *synagoge*. This was also the common name for the buildings in which religious assemblies took place. The Hebrew term for synagogue is *bet ha-kneset*, which means a house of assembly. This type of religious gathering continued even after the restoration of the Temple. Synagogal worship differed from the Temple cult by replacing regular sacrifices with a public reading of the Torah and Scriptures, prayers, sermons and discussions. Following the destruction of the Second Temple by the Romans in 70 CE and the expulsion of Jews from Judaea, the synagogue became a centre of spiritual life for Jews in Palestine and, gradually, throughout the countries of the Jewish Diaspora.

Synagogal worship is composed of prayers and readings from the Torah and the Prophets. The public service is led by the *cantor* or *hazzan,* who chants the prayers. Traditionally, there are three periods of daily prayer - morning *(shaharit),* afternoon *(minhah)* and evening *(maariv).* During the morning service, adult males wear a prayer shawl *(tallit)* with fringes as a reminder of the commandments; during weekdays they wear *tefellin* - small leather cases containing Torah texts on the left arm and forehead. The *siddur* is used as the prayer book on the Sabbath and weekdays, the *mahzor* on major holidays.

Der synagogale Gottesdienst

Nach dem tragischen Untergang des ersten Jerusalemer Tempels im Jahre 586 v.u.Z. gestalteten die im babylonischen Exil lebenden Juden ihren Gottesdienst allmählich in Zusammenkünfte um, die später griechisch *synagogé* genannt wurden. So hießen dann gewöhnlich auch die Gebäude, in denen die religiösen Versammlungen stattfanden. Die hebräische Bezeichnung für Bethaus ist *Bet ha-Kneset* - Versammlungshaus. Auch als der Tempel in Jerusalem erneuert worden war, blieb dieser Typus der religiösen Zusammenkünfte erhalten. Der Gottesdienst in der Synagoge unterschied sich vom Gottesdienst im Tempel dadurch, daß die regelmäßigen Opferungen durch Lesungen aus der Thora und den biblischen Büchern und durch Gebete ersetzt wurden. Nachdem die Römer im Jahre 70 u.Z. den zweiten Jerusalemer Tempel zerstört hatten, wurden die Synagogen nicht nur in Palästina zum Zentrum des geistigen Lebens der Juden, sondern allmählich auch in allen Ländern der jüdischen Diaspora.

Der synagogale Gottesdienst besteht aus Gebeten und dem Vorlesen von Texten aus der Thora und aus den Büchern der Propheten. Er wird vom *Kantor* oder *Chasan* geleitet, der die Gebete melodisch rezitiert. Die alltäglichen Gebete sind in das Morgengebet - *Schacharit,* das Nachmittagsgebet - *Mincha* und das Abendgebet - *Maariv* unterteilt. Zum Morgengebet legen die Männer einen Gebetsmantel - *Tallit* an. An gewöhnlichen Wochentagen müssen sie an der Stirn und an der linken Hand Gebetsriemen - *Tefillin* tragen, lederne Etuis mit Auszügen aus Thoratexten. Als Gebetbuch wird an gewöhnlichen Tagen und am Sabbat der *Sidur,* an den einzelnen Feiertagen der *Machsor* verwendet.

◁ *Na* bimě *je umístěn pult pro předčítání svitku Tóry, hebrejsky zvaný* šulchan. *Nad ním je zavěšena tabulka s požehnáním, které se recituje před čtením z Tóry.*

◁ *A desk for reading the Torah* (shulhan) *is positioned on the* bimah. *Above it is affixed a tablet with a blessing which is recited before the reading of the Torah.*

◁ *Auf der* Bima *steht ein Pult zum Vorlesen aus der Thorarolle, das hebräisch* Schulchan *genannt wird. Darüber hängt eine Tafel mit dem Segen, der vor der Thoralesung rezitiert wird.*

◁◁ *Pult před svatostánkem je určen pro kantora* (chazana), *který odtud recituje modlitby a řídí bohoslužbu. Před pultem je zavěšena tabulka* šiviti, *která napomáhá soustředění k modlitbám.*

◁◁ *The desk in front of the ark is for the cantor* (hazzan) *who stands here when reciting prayers and conducting services. A shiviti tablet is attached to the desk, serving to help the cantor concentrate on prayer.*

◁◁ *Das Pult vor dem Thoraschrein ist für den Kantor* (Chasan) *bestimmt, der von hier aus die Gebete rezitiert und den Gottesdienst leitet. Vor dem Pult ist die Schiwiti aufgehängt, die Tafel, die dem Kantor hilft, sich auf die Gebete zu konzentrieren.*

Tóra – pět Knih Mojžíšových – je věroučným základem judaismu a hlavním předmětem synagogální liturgie. Vyvrcholením bohoslužby je proto předčítání příslušného týdenního oddílu Tóry *(sidra),* které je možné pouze za přítomnosti *minjanu* – shromáždění nejméně deseti dospělých mužů židovské víry. Svitek Tóry je rozdělen na 54 týdenních oddílů, které se předčítají postupně během ročního cyklu tak, že celý cyklus končí a současně znovu začíná během podzimního svátku Radosti z Tóry *(Simchat Tora).* Příslušná sidra se předčítá především při ranní bohoslužbě v sobotu, menší části o svátcích a při ranní bohoslužbě v pondělí a ve čtvrtek.

Při bohoslužbě je nejprve zavinutý a ozdobený svitek Tóry vyjmut ze svatostánku *(aron ha--kodeš).* Poté je Tóra nesena okolo vyvýšeného pódia *(bima, almemor)* mezi věřícími, kteří jí projevují svoji úctu, vynesena na bimu a položena na pult *(šulchan).* Zde se Tóra obřadně zbaví stříbrných ozdob, pláštíku a povijanu. Předčítání se obvykle účastní tři muži, z nichž jeden ukazuje text stříbrným ukazovátkem, druhý, obvykle kantor nebo tzv. *baal kore,* předčítá hebrejský text a další kontroluje čtení podle tištěného textu hebrejské Bible. V sobotu je postupně k předčítání vyvoláno sedm mužů, osmý předčítá příslušný úsek z *haftary* (prorockých knih). Po předčtení sidry je svitek zavinut, převázán povijanem, oblečen do pláštíku a ozdoben stříbrným štítem a nástavci. Poté je znovu nesen okolo bimy mezi věřícími a uložen do aronu ha-kodeš.

The Torah (the five Books of Moses) is the basis of Judaism and the main object of synagogal liturgy. The reading of relevant portions of the Torah *(sidrah)* is the central moment of the service, requiring the presence of at least 10 adult males, the *minyan* (quorum). The Torah scroll is divided into 54 weekly sections, which are read throughout the year. The completion of this annual cycle and its immediate recommencement is marked by the autumn festival of *Simhat Torah* (Rejoicing of the Torah). The pertinent sidrah is recited primarily at the morning service on the Sabbath, the smaller portions at festivals and at the morning service on Monday and Thursday.

During the service, the ornate Torah scroll is first removed from the holy ark *(aron ha-kodesh)* and then carried to a raised platform *(bimah, almemar)* and placed on the reading desk *(shulhan),* where its silver ornaments, mantle and binder are ceremoniously removed. The recitation usually involves three men, one of whom indicates the text with a silver pointer, the second – usually the cantor or *baal kore* – chants the Hebrew text and the third checks the reading according to the printed text of the Hebrew Bible. Seven men are called to read on the Sabbath, while the eighth recites the pertinent section of the *Haftarah* (Prophets). After the sidrah reading, the scroll is wound on rollers, secured with the binder and adorned with a silver shield and finials. It is then carried round the bimah among the congregation and placed in the holy ark.

Die Thora – die fünf Bücher Mose – ist die Grundlage der Glaubenslehre des Judaismus und auch Hauptgegenstand der synagogalen Liturgie. Höhepunkt des Gottesdienstes ist deshalb die Lesung des entsprechenden Wochenabschnitts *(Sidra)* der Thora, die jedoch nur in Anwesenheit des *Minjan* – einer Versammlung von mindestens zehn erwachsenen Männern jüdischen Glaubens stattfinden kann. Die Thorarolle ist in 54 Wochenabschnitte unterteilt, die während des Jahreszyklus nacheinander so gelesen werden, daß der ganze Zyklus am Thora-Freudenfest *(Simchat Tora)* endet und gleichzeitig wieder neu beginnt. Die entsprechende Sidra wird vor allem während des Morgengottesdienstes am Samstag, kleinere Teile dann an den Feiertagen und während der Morgengottesdienste am Montag und Donnerstag verlesen.

Beim Gottesdienst wird zuerst die umhüllte und geschmückte Thorarolle aus dem Heiligenschrein *(Aron ha-Kodesch)* gehoben und dann um das erhöhte Podium *(Bima, Almemor)* herum an den Gläubigen vorbei getragen, die ihr Ehrfurcht und Hochachtung erweisen. Dann wird sie auf die Bima gehoben und auf das Pult *(Schulchan)* gelegt. Hier werden die silbernen Schmuckstücke zeremoniell von der Thora entfernt, der Mantel und das Wickelband abgenommen. An der Lesung beteiligen sich in der Regel drei Männer, von denen einer mit einem silbernen Zeigestab auf den zu lesenden Text weist, der zweite, gewöhnlich der Kantor oder der sog. *Baal Kore,* den hebräischen Text liest und der dritte die Lesung anhand des gedruckten Textes einer hebräischen Bibel kontrolliert. Am Samstag werden nacheinander sieben Männer zum Vorlesen aufgerufen, ein achter liest den entsprechenden Abschnitt aus der *Haftara* (die Bücher der Propheten). Nach dem Verlesen der Sidra wird die Thora wieder eingerollt, dann wird sie erneut um die Bima herum zwischen den Gläubigen zum Aron ha-Kodesch getragen und hier verschlossen.

9

Nejstarší synagogy v Praze

V Praze je přítomnost Židů doložena již v polovině 10. století, kdy židovská osada ležela patrně v blízkosti knížecího tržiště v podhradí Pražského hradu. Protože čtení z Tóry a bohoslužba patří k základním náboženským povinnostem, můžeme zde v této době předpokládat i existenci nejstarší synagogy nebo modlitebny.

Ve druhé polovině 11. století přenesl český král Vratislav své sídlo na Vyšehrad, v jehož podhradí kronikář Kosmas k roku 1091 připomíná také sídliště židovské obce. Tato obec patrně zanikla za protižidovských bouří spojených s první křížovou výpravou v letech 1096–98. První výslovná zmínka o synagoze v podhradí Pražského hradu pochází z roku 1124. Tato synagoga patrně roku 1142 vyhořela a nemáme další zprávy o jejím obnovení.

Vedle sídlišť v podhradí obou pražských hradů vznikla nejpozději ve 12. století židovská osada také v blízkosti tržiště na pravém břehu Vltavy, na území pozdějšího Židovského Města. Za jeho nejstarší synagogu byla vždy pokládána Stará škola. Tímto názvem začala být označována brzy po vybudování Nové nebo Velké (dnešní Staronové) synagogy koncem 13. století. Můžeme proto předpokládat, že zde existovala již delší dobu před založením nové stavby. Také svojí velikostí a vnějším vzhledem Stará škola připomínala Staronovou synagogu. V roce 1867 byla Stará škola zbořena a na jejím místě byla vystavěna nejmladší synagoga Židovského Města – Španělská synagoga.

The Oldest Synagogues in Prague

The earliest recorded presence of Jews in Prague is in the mid-10th century, when they probably settled around the Count's market place near the Prague Castle. As public reading of the Torah and liturgical services are fundamental religious duties in Judaism, it may be assumed that a synagogue or prayer house was already in existence at this time.

In the second half of the 11th century, King Vratislav moved his royal residence to Vyšehrad Castle, around which another Jewish settlement was recorded in 1091 by the chronicler Kosmas. This settlement was destroyed during anti-Jewish riots connected with the First Crusade in 1096–98. The first specific mention of a synagogue in the area round the Prague Castle dates from 1124. This synagogue probably burnt out in 1142, and there are no records of its restoration.

Apart from these Jewish settlements near the two castles, another Jewish community was established in the 12th century at the latest near a market centre on the right bank of the Vltava river, in an area that later became the Jewish Town. Its oldest synagogue has always been considered to be the Old Shul, a name it acquired soon after the construction of the New or Great (today's Old-New) Synagogue in the late 13th century. It may be assumed that the Old Shul was in existence for some time before the construction of the new building. The Old Shul resembled the Old-New Synagogue with regards its size and external appearance. 1867 saw the demolition of the Old Shul, on the site of which was built the newest synagogue of the Jewish Town – the Spanish Synagogue.

Die ältesten Synagogen in Prag

Die Anwesenheit der Juden in Prag ist schon in der Mitte des 10. Jhs. nachgewiesen. Damals lag ihre Ansiedlung offenbar in der Nähe des fürstlichen Markts unterhalb der Prager Burg. Da das Lesen der Thora und der Gottesdienst zu den grundlegenden religiösen Pflichten eines jeden Juden gehört, ist anzunehmen, daß damals hier auch die älteste Synagoge oder ein Bethaus bestand.

In der zweiten Hälfte des 11. Jhs. verlegte König Vratislav seine Residenz auf die Burg Vyšehrad, unterhalb der der Chronist Kosmas im Jahre 1091 auch eine jüdische Siedlung erwähnt. Diese ging offenbar während des antijüdischen Aufruhrs zugrunde, der mit dem ersten Kreuzzug in den Jahren 1096–98 zusammenhing. Die erste schriftliche Erwähnung einer Synagoge unterhalb der Prager Burg stammt aus dem Jahre 1124. Diese Synagoge fiel wahrscheinlich 1142 dem Feuer zum Opfer, und wir wissen nichts von einer Erneuerung.

Außer den Ansiedlungen unterhalb der beiden Prager Burgen entstand spätestens im 12. Jh. auch in der Nähe des Marktes am rechten Moldauufer, auf dem Gelände der späteren Judenstadt, eine jüdische Niederlassung. Als älteste Synagoge dieser Ansiedlung wurde immer die Altschul angesehen. Sie erhielt diese Bezeichnung bald nach der Errichtung der Neuen oder Großen Synagoge (der heutigen Altneusynagoge) am Ende des 13. Jhs. Wir können deshalb davon ausgehen, daß sie hier schon längere Zeit vor der Gründung des neuen Gebäudes bestand. Im Jahre 1867 wurde die Altschul abgerissen und an ihrer Stelle die jüngste Synagoge der Prager Judenstadt, die Spanische Synagoge, errichtet.

Staronová synagoga

Staronová synagoga je dnes nejstarší památkou pražského ghetta a také nejstarší dochovanou synagogou v Evropě. Na počátku 13. století došlo k založení Starého Města, které vyvolalo příliv nových obyvatel a horlivou stavební činnost na jeho území. V té době došlo také ke změnám v osídlení pražského ghetta. Vedle nejstaršího židovského sídliště u Staré školy se jeho obyvatelé a noví osadníci začali soustřeďovat v okolí střední části dnešní Široké ulice a Staronové synagogy, která se brzy stala vlastním centrem Židovského Města. Po roce 1254 vydal Přemysl Otakar II. Židům v Čechách královská privilegia *(statuta Judaeorum)*, v nichž zaručil právní ochranu jejich sídel, hřbitovů a synagog. V souvislosti s novými výsadami získala pražská židovská obec zřejmě povolení ke stavbě nové synagogy. Na stavbě se rovněž podíleli kameníci královské huti, kteří v té době pracovali na budování nedalekého Kláštera sv. Anežky.

Původně se Staronová synagoga nazývala Nová nebo Velká škola, teprve se vznikem dalších synagog v ghettu koncem 16. století se pro ni začalo užívat názvu Staronová – německy Altneuschul. Jinak vysvětluje její název jedna z pražských židovských pověstí. Základní kameny pro stavbu Staronové synagogy prý přinesli sami andělé ze zbořeného Jeruzalémského chrámu „pod podmínkou„ – hebrejsky *„al-tenaj„*, že budou navráceny zpět, až dojde k jeho obnovení.

Jako jediná synagoga v přeplněném ghettu si Staronová synagoga uchovala svoji solitérní polohu, která zdůrazňuje její význam jako hlavní synagogy pražské židovské obce. Svému okolí kdysi dominovala také výškou i velikostí své stavby. Jak vypráví pověst, synagogu chránili za požárů svými křídly andělé proměnění v holubice, a tak zůstala zázračně uchována přes všechny dramatické

The Old-New Synagogue

The Old-New Synagogue is the oldest monument of the Prague ghetto and the oldest surviving synagogue in Europe. Its origin is clearly linked to the establishment of the Old Town at the beginning of the 13th century, which led to an influx of new inhabitants and a building boom in the area. Changes also occurred in the settlement of the Prague ghetto at this time. In addition to the oldest housing areas near the Old Shul, the ghetto inhabitants and new settlers began to concentrate in the vicinity of the Old-New Synagogue, which soon became the very centre of the Jewish Town. After 1254 Přemysl Otakar II granted privileges *(Statuta Judaeorum)* to the Jews of Bohemia, offering to protect their settlements, cemeteries and synagogues. In addition, the Jewish community of Prague obtained permission to build a new synagogue and to employ the services of stone--masons from the royal workshop who were working nearby on the Convent of St. Agnes.

The Old-New Synagogue was originally called the New or Great Shul. It was not until the establishment of other synagogues in the Ghetto at the end of the 16th century that it became known as Old-New (German Altneuschul). Another explanation for its name is provided by an old Jewish legend of Prague, according to which the foundation stones for the Old-New Synagogue were brought by angels from the destroyed Temple of Jerusalem, "on condition" (Heb. *"al-tenai"*) that they would be returned when the Temple was restored.

The Old-New Synagogue was the only one in the over-crowded ghetto to remain detached, which highlights its importance as the main synagogue of the Jewish community of Prague. It once dominated its surroundings on account of its

Die Altneusynagoge

Die Altneusynagoge ist das älteste Baudenkmal des Prager Ghettos und auch die älteste erhaltene Synagoge in Europa. Als es am Anfang des 13. Jhs. zur Gründung der Prager Altstadt kam, hatte das den Zustrom neuer Einwohner und eine fieberhafte Bautätigkeit auf ihrem Gebiet zur Folge. Damals traten auch in der Besiedlung des Prager Ghettos Veränderungen ein. Neben der ältesten jüdischen Ansiedlung an der Altschul, begannen sich deren Bewohner und die neu Zugezogenen verstärkt in der Umgebung des mittleren Bereichs der heutigen Široká ulice (Breite Gasse) und der Altneusynagoge, die bald zum eigentlichen Zentrum der Judenstadt wurde, niederzulassen. Nach 1254 erteilte Přemysl Otakar II. den Juden in Böhmen königliche Privilegien, mit denen er den rechtlichen Schutz ihrer Siedlungen, Friedhöfe und Synagogen garantierte. In diesem Zusammenhang erhielt die Prager jüdische Gemeinde offenbar die Erlaubnis für den Bau einer neuen Synagoge. An den Bauarbeiten beteiligten sich auch Steinmetze der königlichen Bauhütte, die zu jener Zeit am nicht weit entfernten Agneskloster tätig waren.

Ursprünglich nannte man die Altneusynagoge Neue oder Große Schule. Erst als am Ende des 16. Jhs. im Ghetto weitere Synagogen entstanden, bürgerte sich die Bezeichnung Altneuschul ein. Eine andere Erklärung gibt eine Prager jüdische Sage. Angeblich trugen Engel die Grundsteine für den Bau der Altneusynagoge vom zerstörten Jerusalemer Tempel unter der Bedingung – hebr. *„al-tenai"* – heran, daß sie zurückgebracht werden müssen, sobald der Tempel erneuert werden sollte.

Die Altneusynagoge behauptete als einzige Synagoge im überfüllten Ghetto ihre solitäre La-

△ *Ve dvou raně barokních poklad-nicích byly údajně ukládány židovské daně z celé země, určené pro krále.*

△ *Jewish sovereign taxes from the whole country were allegedly kept in two early Baroque money boxes in the Old-New Synagogue.*

△ *In die beiden frühbarocken Kas-sen wurde angeblich die Judensteuer aus Prag und dem ganzen Land für den König eingezahlt.*

Jižní předsíň Staronové synagogy byla přistavěna krátce po dokončení syna-gogy. Při rekonstrukci v roce 1999 zde byla odkryta původní podlaha.

The south vestibule of the Old-New Synagogue was extended shortly after the building was completed. The origi-nal floor was uncovered during recon-struction in 1999.

Der südliche Vorraum der Altneusy-nagoge wurde kurz nach der Vollen-dung der Synagoge angebaut. Während der Rekonstruktion im Jahre 1999 wurde hier der ursprüngliche Fußbo-den freigelegt.

události až dodnes. Podle jiné pověsti jsou na její půdě uloženy pozůstatky Golema, umělé bytosti, kterou na ochranu pražské obce vytvořil a oživil pražský Maharal, pověstný rabi Löw.

Staronová synagoga je dnes nejstarší dochovanou ukázkou stavebního typu dvoulodní středověké synagogy. Nejstaršími příklady této dispozice byly románská synagoga z konce 12. století ve Wormsu (zničena 9. listopadu 1938) a raně gotická synagoga z počátku 13. století v Řezně, která byla zbořena po vyhnání Židů 21. února 1519. Stejnou dispozici měla i stará synagoga ve Vídni, která byla zbořena při vypovězení Židů v roce 1420. Příbuznou dvoulodní dispozici má i pozdně gotická Stará synagoga z počátku 15. století v Krakově, zbudovaná údajně exulanty z Prahy podle vzoru Staronové synagogy.

Volba dvoulodního stavebního typu pro středověké synagogy nebyla náhodná. Této dispozice se v tehdejším stavitelství používalo při stavbě světských reprezentativních prostor, např. hradních a radničních síní, kapitulních síní v klášterech, ale i síní soukromých domů. Dvoulodní dispozicí se tak synagoga odlišovala od soudobých sakrálních staveb, zároveň však tato dispozice nejlépe vyhovovala uspořádání vnitřního prostoru synagogy. Dva pilíře uprostřed dvoulodí vymezují přirozeně místo pro vyvýšené řečniště a síňový prostor umožňuje lepší slyšitelnost předčítaného textu i rozmístění sedadel po obvodu celé místnosti. Je pravděpodobné, že k volbě této dispozice došlo pod vlivem bohoslužebných shromáždění, konaných ve starší době v dvoulodních síních soukromých domů, kterých je v Praze dochováno několik již ze 12. století.

height and size. According to legend, the synagogue was protected against fire in the ghetto by the wings of angels transformed into doves, which is why it has remained miraculously intact to this day. Another legend has it that the attic of the synagogue is home to the remains of the Golem, the artificial creature made of clay and animated by the Prague Maharal, the famous Rabbi Loew, in order to protect the Prague community.

The Old-New Synagogue is now the oldest surviving example of the medieval twin-nave type of synagogue. The earliest examples of this type were the late 12th century Romanesque synagogue in Worms (destroyed on 9 November 1938) and the early Gothic synagogue in Regensburg dating from the early 13th century (destroyed after the expulsion of Jews on 21 February 1519). The same layout was also featured in the old synagogue in Vienna, which was destroyed during the expulsion of Jews in 1420. A similar twin-nave layout can be seen in the late Gothic Old Synagogue in Cracow from the early 15th century, which was allegedly built by Prague exiles to the design of the Old-New Synagogue.

The choice of a twin-nave layout for medieval synagogues was not accidental. Such a layout was preferred in medieval architecture when building representative rooms for secular use, such as castle and town hall vestibules and capitular halls in monasteries, as well as private houses. The twin-nave layout set the synagogue apart from other sacred buildings of the time and also better suited the arrangement of the interior. Two pillars in the middle of the twin nave clearly marked out the space for the raised platform, while the layout of the hall improved the audibility of recitals and made it easier to arrange the pews along the perimeter walls. Such a layout is likely to have been selected under the influence of liturgical gatherings which had previously been held in the twine-nave halls of private houses, of which some from the 12th century have survived in Prague.

ge, die ihre Bedeutung als Hauptsynagoge der Prager jüdischen Gemeinde betont. Wie die Sage berichtet, schützten während der Feuersbrünste Engel, die sich in Tauben verwandelt hatten, das Bauwerk mit ihren Flügeln. So überstand die Synagoge bis heute alle dramatischen Ereignisse. Einer anderen Sage zufolge liegen auf dem Dachboden der Synagoge die Reste des Golems, jenes künstlichen Wesens, das der Prager Maharal, der Wunderrabbi Löw, zum Schutz der Prager Gemeinde geschaffen und zum Leben erweckt hatte.

Die Altneusynagoge ist das älteste erhaltene Beispiel für den Typ einer zweischiffigen mittelalterlichen Synagoge. Die ältesten Vorbilder dieser Konzeption waren die romanische Synagoge in Worms vom Ende des 12. Jahrhunderts (am 9. November 1938 zerstört) und die frühgotische Synagoge vom Anfang des 13. Jahrhunderts in Regensburg, die nach der Vertreibunge der Juden am 21. Februar 1519 abgerissen wurde. Die gleiche Konzeption wies auch die Synagoge in Wien auf, die während der Vertreibung der Juden im Jahre 1420 zerstört wurde. Ähnlich zweischiffig ist die spätgotische Alte Synagoge in Krakau vom Anfang des 15. Jhs., die angeblich Prager Exulanten nach dem Vorbild der Altneusynagoge gebaut haben.

Die Wahl des zweischiffigen Bautyps für die mittelalterlichen Synagogen erfolgte nicht zufällig. Diese Konzeption kam damals beim Bau profaner repräsentativer Räume zur Geltung. Auf diese Weise wurden zum Beispiel Burg- und Rathaussäle, Kapitelsäle in Klöstern, aber auch die Hallen in Privathäusern ausgebildet. Mit dieser zweischiffigen Disposition unterschied sich die Synagoge von den Sakralbauwerken ihrer Zeit, gleichzeitig kam diese Konzeption aber auch der inneren Organisation der Synagoge entgegen. Die beiden Pfeiler in der Mitte des zweischiffigen Raums begrenzen auf natürliche Weise den Standort der erhöhten Rednertribüne, und der Hallenraum ermöglicht eine bessere Hörbarkeit des vorgelesenen Textes und die Anordnung der

את הֱאֱהִים יְרָא
וְאֶת מִצְוֹתָיו שְׁמוֹר
כֵּי זֶה כָּל הָאָדָם:

Dary

צדקה
CONTRIBUTIONS
BEITRÄGE DONS

Vstupní portál Staronové syna-gogy pochází z poslední třetiny 13. století. Synagogální hodiny napravo od vstupu udávají mě-nící se počátky tří hlavních den-ních modliteb.

The front portal of the Old-New Synagogue dates from the last third of the 13th century. The synagogue clock to the right of the entrance marks the com-mencement of the three main daily prayers.

Das Eingangsportal der Altneu-synagoge stammt aus dem letz-ten Drittel des 13. Jahrhunderts. Die synagogale Uhr rechts vom Eingang gibt die veränderlichen Anfangszeiten der drei Hauptge-bete des Tages an.

Staronová synagoga je zevně jednoduchá, obdélná stavba s vysokou sedlovou střechou, ukončenou pozdně gotickými cihlovými štíty. Jak bylo zvykem již od starověku, synagoga je orientována východním směrem. Silné obvodové zdivo je zpevněno opěrnými pilíři a prolomeno úzkými hrotitými okny. Hlavní budovu obepínají ze tří stran nízké přístavky, které slouží jako předsíň synagogy a prostory ženských lodí. Prostory pro ženy jsou s hlavním sálem synagogy spojeny pouze úzkými, zkosenými otvory ve stěnách, které umožňují naslouchat bohoslužbě.

Jižní předsíň synagogy byla přistavěna k synagoze patrně nedlouho po jejím vzniku. Podlaží předsíně stejně jako hlavní lodi leží podle tradice na znamení pokory o několik stupňů hlouběji pod úrovní okolního terénu. Vstupní portál synagogy nese v tympanonu reliéf keře vinné révy; čtyři spirálovitě stočené větve jsou považovány za symbol čtyř řek v biblickém Ráji. Vpravo při vstupu do hlavní lodi čteme citát z předposledního verše Kazatele (12,13) „Boha se boj a zachovávej jeho příkazy, neboť to je vše, co je člověk", s nímž se návštěvník setkává při vstupu i při odchodu ze synagogy. Obě raně barokní pokladnice ve východní části předsíně sloužily k ukládání židovských daní, soustřeďovaných zde z celého království.

The Old-New Synagogue is a simple oblong structure with a large saddle roof and late Gothic gables and, as is customary, facing eastward. The outside walls are supported by buttresses and punctuated by narrow pointed windows. The main building is surrounded by low annexes on three sides that serve as a vestibule and women's aisles. The latter is connected to the main hall of the synagogue only by narrow slit openings in the wall to enable the women to hear the services.

The south vestibule of the synagogue was added shortly after the synagogue had been constructed. The floor of the vestibule and main nave is several degrees lower than the level of the surrounding ground, in accordance with tradition and as a sign of humility. The tympanum of the front portal features a relief of a grapevine; four vines winding in a spiral are allegedly symbolic of the four rivers in Paradise. On the wall to the right of the entrance to the main nave is an inscription of a quotation from the penultimate verse of Ecclesiastes (12:13): "Revere God and observe His commandments! For this applies to all mankind". This can be seen as one enters and leaves the synagogue. Both of the early Baroque money boxes in the east part of the vestibule were allegedly used for the depositing of Jewish taxes gathered here from the whole kingdom.

Sitze entlang der gesamten Wand. Es ist wahrscheinlich, daß die Wahl dieser Raumkonzeption unter dem Einfluß der Zusammenkünfte zu den Gottesdiensten beeinflußt wurde, die in älterer Zeit in den zweischiffigen Hallen von Privathäusern stattfanden, von denen in Prag einige noch aus dem 12. Jahrhundert erhalten sind.

Die Altneusynagoge ist außen ein einfaches rechteckiges Bauwerk mit einem hohen Satteldach, das mit spätgotischen Backsteingiebeln abschließt. Sie ist, wie es schon seit dem Altertum üblich war, nach Osten ausgerichtet. Die dicken Umfassungsmauern sind mit Stützpfeilern verstärkt und werden von schmalen Spitzbogenfenstern durchbrochen. Das Hauptgebäude ist auf drei Seiten mit niedrigen Anbauten umschlossen, die als Vorraum und als Frauenschiffe dienen. Die Frauenräume sind mit der Haupthalle der Synagoge lediglich durch schmale, konische Wandöffnungen verbunden, die es ermöglichen, dem Gottesdienst zuzuhören.

Der südliche Vorraum wurde offenbar bald nach der Entstehung der Synagoge angebaut. Sein Fußboden liegt ebenso wie der Fußboden der Hauptschiffe traditionsgemäß als Zeichen der Demut einige Stufen unter dem Niveau des Terrains der Umgebung. Das Tympanon des Eingangsportals der Synagoge ist mit dem Relief eines Weinstocks ausgefüllt, die vier spiralig gedrehten Reben werden als Symbol der vier Flüsse im biblischen Paradies angesehen. Rechts des Eingangs zum Hauptraum lesen wir ein Zitat aus dem vorletzten Vers des Predigers (12,13) „Fürchte Gott und halte seine Gebote, denn das gehört allen Menschen zu". Diesem Text begegnet der Besucher beim Betreten und beim Verlassen der Synagoge. Die beiden frühbarocken Kassen im östlichen Teil des Vorraums dienten angeblich der Aufnahme der Judensteuer, die hier aus dem gesamten Königreich zusammengetragen wurde.

Tympanon vstupního portálu s motivem vinného keře, jehož čtyři větve prý označují čtyři řeky, které protékaly biblickým Rájem.

The tympanum of the front portal features a relief of a grapevine. The four vines are symbolic of the four rivers in Paradise.

Das Tympanon des Eingangsportals ist mit dem Relief eines Weinstocks verziert. Die vier Reben verkörpern angeblich die vier Flüsse des biblischen Paradieses.

Pohled do klenby Staronové synagogy z pódia uprostřed hlavního sálu. Na pódiu (bima) uprostřed synagogy je stůl (šulchan) s pultem pro předčítání svitků Tóry. Bima je oddělena od ostatního prostoru pozdně gotickou mříží.

View showing the vaulting of the Old-New Synagogue from the bimah. A desk (shulhan) for reading the Torah is positioned on the podium (bimah) in the centre of the synagogue. The bimah is separated from the surrounding space by a late-Gothic grille.

Blick zum Gewölbe der Altneusynagoge von der Bima in der Mitte des Hauptschiffs aus. Auf dem Podium (Bima) befindet sich der Tisch (Schulchan) mit dem Pult zum Vorlesen aus den Thorarollen. Die Bima ist vom übrigen Raum mit einem spätgotischen Gitter getrennt.

Vnitřní prostor Staronové synagogy je zaklenut šesti poli pětidílné žebrové klenby na dvou mohutných osmibokých pilířích, připomínajících dva sloupy v průčelí Jeruzalémského chrámu. Plastické článkoví, vyrůstající z obvodových zdí a pilířů, vytváří konstrukci stavby, která je příkladnou ukázkou raně gotického stavitelství. Užití pětidílné klenby namísto obvyklejší křížové se vysvětluje snahou vyhnout se znamení kříže. Pětidílná klenba však také lépe umožňuje rozmístění dvanácti úzkých oken v obvodových stěnách, jejichž počet odpovídá počtu dvanácti kmenů Izraele. Dosud jednoduše profilované článkoví je na konzolách, hlavicích přípor a svornících klenby oživováno reliéfní výzdobou nejrůznějších rostlinných motivů, mezi nimiž převládá listoví vinné révy a břečťanu.

Kamenická výzdoba synagogy je dílem několika kameníků s různou zkušeností a školením. Umělecky nejpokročilejší je výzdoba tympanonu schránky na Tóru s motivy listoví a hroznů vinné révy. Kamenická výzdoba článkoví a tympanonu vstupního portálu je také hlavním prostředkem pro datování stavby, o jejímž vzniku chybí přímé svědectví. Těsným vztahem této výzdoby k dalším raně gotickým stavbám v Čechách (klášter sv. Anežky v Praze, kláštery ve Zlaté Koruně a Vyšším Brodě, hrad Bezděz a děkanský kostel v Kolíně) lze vznik Staronové synagogy datovat do poslední čtvrtiny 13. století.

The interior is arched by six bays of five-ribbed vaulting on two large octagonal pillars, recalling the two pillars at the front of the Temple of Jerusalem. Simple plastic elements emerging from the outside walls and thick pillars form the skeletal structure of the building, which is a great example of early Gothic architecture. The use of five-part vaulting rather than the usual groin vault can be explained as an attempt to avoid the sign of the cross. Such a vaulting also made it easier to place twelve narrow windows in the perimeter walls, the number of which corresponded to the twelve tribes of Israel. The simply profiled ribs are enlivened with relief decorations of plant motifs (predominantly vine leaves and ivy) on the brackets, shaft capitals and vault keystones.

The stone decoration of the synagogue is the work of a number of variously skilled and trained masons. The most sophisticated artistically is the decoration of the tympanum above the Torah ark, featuring foliage and grapevine motifs. The stone decorations of the ribs and the tympanum above the front portal also serve as the main aids for dating the building, since there are no direct records as to its origin. As the ornamentation is closely related to that of other early Gothic buildings in Bohemia (St. Agnes Convent in Prague, the monasteries of Zlatá Koruna and Vyšší Brod, Bezděz Castle and the parish church in Kolín), the foundation of the Old-New Synagogue can be dated back to the last quarter of the 13th century.

Der Innenraum der Synagoge ist mit sechs Jochen fünfteiliger Rippengewölbe eingewölbt, die auf zwei mächtigen achtseitigen Pfeilern ruhen. Diese Pfeiler erinnern an die beiden Säulen an der Fassade des Tempels in Jerusalem. Das plastische Rippenwerk, das an den Umfassungswänden und den Pfeilern entspringt, bildet die Konstruktion des Bauwerks, das ein mustergültiges Beispiel für die Baukunst der Frühgotik ist. Die Anwendung fünfteiliger Gewölbe anstelle der üblicheren Kreuzgewölbe wird mit dem Bemühen erklärt, das Kreuzzeichen zu vermeiden. Das fünfteilige Gewölbe ermöglichte außerdem auch eine bessere Anordnung der 12 schmalen Fenster in der Umfassungsmauer, deren Anzahl den zwölf Stämmen Israels entspricht. Die einfach profilierten Rippen sind an den Konsolen, an den Kapitellen der Dienste und an den Schlußsteinen der Gewölbe mit verschiedensten Pflanzenmotiven verziert, bei denen Weinlaub und Efeu überwiegen.

Die Steinmetzverzierungen der Synagoge sind das Werk verschiedener Handwerker. Künstlerisch am anspruchsvollsten ist die Dekoration des Tympanons über dem Thoraschrein mit Weinrebenmotiven. Die Verzierungen an den Rippen und im Tympanon des Eingangsportals sind auch das wichtigste Hilfsmittel zur Datierung der Synagoge. Der Vergleich mit anderen frühgotischen Bauwerken in Böhmen (so das Agneskloster in Prag, die Klöster in Zlatá Koruna und Vyšší Brod, die Burg Bezděz sowie die Pfarrkirche in Kolín) zeigt, daß die Altneusynagoge im letzten Viertel des 13. Jhs. entstand.

Sedadla jsou v synagoze rozmístěna po obvodu hlavního sálu, jak tomu bylo již ve středověku. Na sedadle se zvýšeným opěradlem při východní stěně synagogy sedávali od nepaměti vrchní rabíni pražské židovské obce.

To this day, the Old-New Synagogue has retained the original arrangement of seats along the walls of the main nave. The seat with the raised back by the east wall of the synagogue was where the chief rabbis of the Jewish community of Prague sat since time immemorial.

Die Sitze sind in der Synagoge wie im Mittelalter an der Umfassungswand angebracht. Der Sitz mit der erhöhten Lehne an der Ostwand der Synagoge war seit eh und je für den Oberrabbiner der Prager jüdischen Gemeinde bestimmt.

Střed hlavního sálu mezi dvěma pilíři zaujímá vyvýšené pódium s pultem pro předčítání Tóry, nazývané *bima* nebo *almemor*, které je od okolního prostoru odděleno pozdně gotickou mříží s motivy oslích hřbetů. Chráněného prostoru bimy se užívá ke čtení Tóry a ke kázání, konají se zde také svatební obřady.

Ve Staronové synagoze je dodnes uchováno původní rozmístění sedadel okolo bimy a po obvodu hlavního sálu, které bylo dříve obvyklé i v ostatních synagogách. V obvodových stěnách jsou patrná nedávno odkrytá ostění výklenků, které kdysi sloužily k ukládání modlitebních potřeb a knih. Výzdobu hlavního sálu doplňují četné bronzové lustry ze 17. a 18. století a mosazné odrazovky, zavěšené na stěnách.

The central part of the synagogue between the two pillars is occupied by the *bimah* or *almemar*, a raised platform with a pulpit from which the Torah is read. This is separated from the surrounding space by a late-Gothic grille with ogee motifs. The protected area of the bimah is used for the reading of the Torah, sermons and wedding ceremonies.

To this day, the Old-New Synagogue has retained the original arrangement of seats around the bimah and along the walls of the main nave, as was customary in other synagogues. Recently uncovered frames of the niches which were once used for the storage of prayer books and requisites can be seen in the perimeter walls. The decoration of the main room is complemented by numerous bronze chandeliers dating from the 17th and 18th centuries and brass sconces hung on the walls.

In der Mitte des Hauptsaals befindet sich zwischen den beiden Pfeilern ein *Bima* oder *Almemor* genanntes erhöhtes Podium mit dem Pult zum Vorlesen der Thora. Es ist vom übrigen Raum durch ein spätgotisches Gitter mit Kielbogenmotiven getrennt. Von diesem geschützten Bereich aus wird die Thora vorgelesen und gepredigt, hier finden auch Trauungen statt.

In der Altneusynagoge ist bis heute die ursprüngliche Anordnung der Sitze um die Bima und an den Wänden des Hauptsaals erhalten geblieben. An den Umfassungswänden sind die unlängst freigelegten Gewände von Nischen zu sehen, die einst zum Ablegen von Gebetsutensilien dienten. Die Ausstattung wird mit zahlreichen Bronzekronleuchtern aus dem 17. und 18. Jh. und mit Wandleuchtern aus Messing, die große Reflexionsflächen aufweisen, ergänzt.

◁ *Svatostánek* (aron ha-kodeš) *uprostřed východní stěny Staronové synagogy, v němž jsou uchovávány svitky Tóry, zakrývá synagogální opona* (parochet).

◁ *The holy ark* (aron ha-kodesh) *in the centre of the east wall of the Old-New Synagogue, in which the Torah scrolls are kept, is covered by a synagogue curtain* (parokhet).

◁ *Der Thoraschrein* (Aron ha-Kodesch) *in der Mitte der Ostwand der Altneusynagoge, in dem die Thorarollen aufbewahrt werden, ist mit einem synagogalen Vorhang* (Parochet) *verdeckt.*

▷ *Tympanon svatostánku s reliéfní výzdobou listoví a hroznů vinné révy zčásti zakrývá* kaporet *s korunou Tóry a křídly cherubů v podobě orlů, kteří chrání schránku úmluvy.*

▷ *Tympanum above the Torah ark with decorative motifs of foliage and grapevines. It is partly covered by a* kapporet, *which is adorned with the Torah crown and cherubs in the form of eagles protecting the Ark of the Covenant.*

▷ *Tympanon des Thoraschreins mit dekorativem Relief aus Weinblättern und Reben, das zum Teil vom* Kaporet *mit der Thorakrone und mit den Flügeln der Cherubim, die in der Gestalt von Adlern die Bundeslade beschützen, verdeckt wird.*

Svitky Tóry jsou uchovávány ve schránce nazývané hebrejsky *aron ha-kodeš,* která tvoří spolu s bimou nejdůležitější součást zařízení každé synagogy. Schránka je vezděna do východní stěny synagogy. Vede k ní několik stupňů, po stranách lemovaných parapety s prolamovanými gotickými kružbami. Architekturu schránky tvoří dva renesanční sloupky na volutových konzolách z konce 16. století a původní gotický tympanon, završený křížovou kytkou. Dveře svatostánku jsou zakryty vyšívanou oponou *(parochet)* a nahoře draperií *(kaporet),* které jsou zdobeny tradičními židovskými symboly – korunou Tóry, dvojicí lvů nebo dvěma cheruby v podobě orlů, sedmiramenným svícnem, dvojicí sloupů a dalšími motivy připomínajícími Jeruzalémský chrám.

Před svatostánkem visí věčné světlo *(ner tamid)* a po jeho pravé straně stojí kamenný pult *(amud)* pro kantora, který odtud vede bohoslužby. Pult stojí opět o jeden stupeň pod úrovní okolní podlahy, aby se naplnila slova 130. žalmu: „Z hlubokosti volám k tobě, Hospodine...". Na pultu je připevněna tabulka *šiviti* s úvodním veršem „Představuji Hospodina vždy před obličej svůj..." (Žalm 16,8), která pomáhá kantorovi soustředit se k modlitbě.

The Torah scrolls are kept in the Holy Ark, a chest known in Hebrew as *aron ha-kodesh,* which together with the bimah is the most important feature of every synagogue's appurtenances. The ark is built into the eastern wall of the synagogue. It is reached by steps, bordered along the sides by ledges with Gothic traceries. The architectural base of the ark consists of two Renaissance columns supported on volute brackets dating from the late 16th century and is surmounted by a tympanum with a cross-like finial. The ark doors are covered by an embroidered curtain *(parokhet)* and an upper valance *(kapporet),* which are adorned with traditional Jewish symbols – the Torah crown, two lions or cherubs in the form of eagles, seven-branched candelabrum, two columns and other motifs reminiscent of the Temple of Jerusalem.

In front of the Holy Ark hangs the "eternal light" *(ner tamid)* and to the right is a stone prayer desk *(amud)* at which the cantor stands when conducting services. The desk is positioned one step below the level of the floor to give expression to the words of the psalm "Out of the depths have I cried unto you, O Lord!" (Psalm 130:1). A *shiviti* tablet is attached to the desk, with the introductory verse: "I have set the Lord always before me" (Psalm 16:8), which serves to help the cantor concentrate on prayer.

Die Thorarollen werden im Thoraschrein, dem *Aron ha-Kodesch,* verwahrt. Dieser ist zusammen mit der Bima wichtigster Bestandteil der Ausstattung jeder Synagoge. Er ist in die Ostwand eingemauert. Zu ihm führen mehrere Stufen empor, die von Brüstungen mit gotischem Maßwerk gesäumt sind. Die Architektur des Schreins besteht aus zwei dorischen, auf Volutenkonsolen ruhenden Säulen vom Ende des 16. Jhs. und dem ursprünglichen gotischen Tympanon, das mit einer Kreuzblume abschließt. Die Tür des Schreins ist mit einem bestickten Vorhang *(Parochet)* und oben mit Draperien *(Kaporet)* bedeckt, die traditionelle jüdische Symbole tragen – die Thorakrone, Löwenpaare, zwei Cherubim in Adlergestalt, den siebenarmigen Leuchter, Doppelsäulen und andere Motive, die an den Jerusalemer Tempel erinnern.

Vor dem Thoraschrein hängt das ewige Licht *(Ner Tamid),* und an seiner rechten Seite steht ein steinernes Pult *(Amud)* für den Kantor, der von hier aus den Gottesdienst leitet. Das Pult steht wiederum eine Stufe unter dem Niveau des umgebenden Fußbodens, damit die Worte des 130. Psalms erfüllt würden: „Aus der Tiefe rufe ich, Herr, zu dir..." Auf ihm ist die *Schiviti* befestigt, eine Tafel mit dem Einleitungsvers „Ich habe den Herrn allezeit vor Augen..." (Psalm 16,8), der dem Kantor hilft, sich auf das Gebet zu konzentrieren.

◁ *O jarním svátku* Šavuot *(Svátek týdnů) je celá synagoga ozdobena čerstvou zelení a na svatostánek je zavěšena bílá sváteční opona.*

◁ *During the Spring festival of* Shavuot *(Feast of Weeks) the whole synagogue is decorated with fresh greenery, and a white wedding curtain is draped over the ark.*

◁ *Während des Frühlingsfests* Schawuot *(Wochenfest) ist die ganze Synagoge mit frischem Grün geschmückt, vor dem Thoraschrein hängt der weiße Festvorhang.*

Oba střední pilíře Staro-
nové synagogy byly zřej-
mě chápány jako připo-
mínka dvou sloupů
v průčelí Jeruzalémské-
ho chrámu. Mřížoví bi-
my bývá na svátek Šavu-
ot ozdobeno jarní zelení.

Both of the central pil-
lars of the Old-New Syna-
gogue are clearly remi-
niscent of the two col-
umns in the facade of the
Temple of Jerusalem. The
Bimah grille is usually
adorned with green fo-
liage during the Shavuot
festival.

Die beiden mittleren
Pfeiler wurden offenkun-
dig als Hinweis auf zwei
Säulen aufgefaßt, die Be-
standteil der Fassade des
Jerusalemer Tempels ge-
wesen waren. Das Gitter-
werk der Bima pflegt
man zum Fest von Scha-
wuot mit Frühjahrsgrün
zuschmücken.

Pohled do klenby v západní části Staronové synagogy. Mimo kamenické výzdoby konzol a svorníků klenby a mosazných lustrů tvoří jedinou výzdobu synagogy hebrejské zkratky převážně biblických citátů.

View showing the vaulting in the west part of the Old-New Synagogue. Apart from the stone decoration of the brackets and vault keystones and the brass chandeliers, Hebrew abbreviations of biblical verses are the only decorative features in the synagogue.

Blick zum Gewölbe im westlichen Teil der Synagoge. Neben den Messingkronleuchtern und der Steinmetzverzierung von Gewölbekonsolen und Schlußsteinen bilden hebräische Akronyme – zumeist aus Bibelstellen – die einzige Ausschmückung der Altneusynagoge.

Výzdobu Staronové synagogy dotvářejí četné bronzové lustry, stará sobotní lampa ve tvaru hvězdy a barokní mosazné odrazovky na stěnách.

The decoration of the Old-New Synagogue is complemented by numerous bronze chandeliers, an old star-shaped Sabbath lamp and Baroque brass sconces on the walls.

Zur Ausstattung der Altneusynagoge gehören zahlreiche Bronzekronleuchter, eine alte Sabbatlampe in Form eines Sterns und barocke Wandleuchter aus Messing mit großen Reflexionsflächen.

Duchovní smysl vnitřního prostoru Staronové synagogy nám přibližují hebrejské nápisy a zkratky veršů na stěnách. Při vstupu do hlaví lodi čteme na protilehlé boční stěně citát z knihy Zachariáše 14,9 „Věčný je jediný, jeho jméno je jediné", při odchodu zase můžeme číst nad vstupním portálem zkratku verše Žalmu 132,13: „Protože Věčný si vyvolil Sion za svůj příbytek" (oba nápisy na protilehlých bočních stěnách jsou zároveň chronostichy, připomínající opravy synagogy v letech 1592 a 1618).

V čele klenby na východní stěně hlavní lodi jsou vepsány zkratky biblického citátu „Představuji Hospodina vždy před obličej svůj" (Žalm 16,8) a talmudického výroku rabiho Eliezera „Věz, před kým stojíš...", které připomínají věřícím přítomnost Hospodina a napomáhají soustředění k modlitbě. Na protilehlé západní stěně můžeme číst zkratku citátu rabína Joseho z traktátu Berachot „Kdo odpovídá amen, je důležitější než ten, který dává požehnání". Vztahuje se na věřící, kteří nemohou sledovat celou modlitbu, ale stvrzují její obsah svým vyznáním. Další zkratky připomínají text Žalmu 34,15 „Odstup od zlého a čiň dobré" a začátek Žalmu 73: „Ano, dobrotivý je Hospodin k Izraeli".

Staronová synagoga požívala v pražském Židovském Městě, ale i v cizích židovských obcích mimořádné úcty a byla za více než sedm století své existence opředena řadou pověstí a legend. Z historických událostí je zvláště vzpomínáno obětí velikonočních bouří roku 1389, kdy byly v synagoze pobiti obyvatelé ghetta, kteří se sem uchýlili na ochranu před hrozícím násilím.

The spiritual aspect of the Old-New Synagogue's interior is highlighted by Hebrew inscriptions and verse abbreviations on the walls. When entering the main nave the following quotation from Zechariah 14:9 can be read on the side wall: "There is one Lord with one name." When leaving one can read part of the 13th verse of Psalm 132, which is inscribed above the portal: "For the Lord has chosen Zion for his seat". Both inscriptions also have a numerical significance commemorating the date of renovations in the synagogue in 1592 and 1618.

In the front part of the vaulting on the east wall of the main nave are inscribed abbreviations of the biblical quotation: "I am ever mindful of the Lord's presence" (Psalm 16:8) and the Talmudic saying of Rabbi Eliezer: "Know before whom you are standing...", which remind the congregation of the presence of the Lord and promote concentration on prayer. The following abbreviated quotation by Rabbi Jose from the Berakhot tractate is inscribed on the opposite west wall: "Greater is the one who answers Amen than the one who makes the blessing". This relates to worshippers who are not able to follow the whole prayer but who acknowledge it by their response . Other abbreviations recall Psalm 34:15 "Shun evil and do good" and the beginning of Psalm 73 "God is truly good to Israel."

The Old-New Synagogue enjoyed tremendous respect in Prague's Jewish Town and in Jewish communities abroad and became enveloped in numerous legends and tales throughout the more than 700 years of its existence. Among the historical events, the congregation especially remembers the victims of the Easter riots of 1389, when many ghetto inhabitants who had taken refuge from the impending violence were massacred in the synagogue.

Der Sinngehalt des Innenraums der Altneusynagoge wird uns durch hebräische Inschriften und Akronyme an den Wänden nahe gebracht. Beim Betreten des Hauptschiffs lesen wir an der gegenüberliegenden Seitenwand ein Zitat aus dem Buch Sacharjas (14,9) „Der Ewige ist einzig und sein Name nur einer", beim Verlassen der Halle lesen wir über dem Portal die Abkürzung des 13. Verses aus Psalm 132 „Der Herr hat Zion erwählt und Lust daselbst zu wohnen" (die beiden Inschriften an den gegenüberliegenden Wänden sind gleichzeitig Chronostichen, die an die Instandsetzungen der Synagoge in den Jahren 1592 und 1618 erinnern).

An der Stirnfläche des Gewölbes an der Ostwand sind die Abkürzungen des Bibelzitats „Ich habe den Herrn allzeit vor Augen" (Psalm 16,8) und des Talmudspruchs des Rabbi Eliezer „Wisse, vor wem du stehst" zu sehen. Sie halten dem Gläubigen die Allgegenwart Gottes vor Augen und helfen ihm, sich auf das Gebet zu konzentrieren. An der gegenüberliegenden Westwand können wir die Abkürzung eines Zitats des Rabbi Jose aus dem Traktat Berachot lesen „Wer amen sagt, ist wichtiger als der, der den Segen erteilt". Das bezieht sich auf Gläubige, die das gesamte Gebet nicht verfolgen können, mit ihrem Bekenntnis aber dessen Inhalt bekräftigen. Weitere Abkürzungen zitieren den Psalm 34,15 „Laß ab vom Bösen und tue Gutes" und den Anfang von Psalm 73 „Israel hat dennoch Gott zum Trost".

Die Altneusynagoge genoß in der Prager Judenstadt und auch in fremden jüdischen Gemeinden außerordentliche Hochachtung und wurde im Verlaufe von siebenhundert Jahren ihres Bestehens von zahlreichen Sagen und Legenden umwoben. Von den historischen Begebenheiten wird besonders der Opfer des Osterpogroms im Jahre 1389 gedacht, als in der Synagoge die Einwohner des Ghettos, die hier Schutz vor der Gewalt gesucht hatten, erschlagen wurden.

Pohled jižní lodí Staronové synagogy k východu. Vpravo vidíme historický praporec pražské židovské obce v podobě z roku 1716 se starým znakem obce – šesticípou hvězdou a židovským kloboukem v jejím středu.

View showing the south nave of the Old-New Synagogue towards the east. To the right is the historic banner of the Prague Jewish community dating back to 1716 and featuring the old symbol of the Prague Jewish community – the six-pointed Star of David with a Jewish hat in the centre.

Blick in das Südschiff der Altneusynagoge nach Osten. Auf der linken Seite ist die historische Fahne der Prager Jüdischen Gemeinde in ihrer Form aus dem Jahr 1716 zu sehen. In ihrer Mitte befindet sich das alte Gemeindewappen – der sechszackige Stern mit dem Judenhut.

Vnitřní výzdobu Staronové synagogy doplňuje vysoká korouhev, připevněná k západnímu pilíři hlavní lodi. Právo nosit vlastní praporec jako symbol samostatnosti a autonomie pražské židovské obce je doloženo již koncem 15. století. Do dnešní podoby byla korouhev obnovena za císaře Karla VI. u příležitosti oslav narození jeho syna arcivévody Leopolda roku 1716 (od roku 1999 je v synagoze umístěna kopie tohoto historického praporu). Ve středu praporce je šesticípá Davidova hvězda se židovským kloboukem uprostřed, která byla užívána jako znak pražské židovské obce patrně již od 15. století. Po obvodu praporu je vepsán text židovského vyznání víry „*Šema Jisroel...*".

Protože Staronová synagoga byla vždy hlavní synagogou pražské židovské obce, působili zde jako rabíni její nejvýznamnější osobnosti a učenci, jako rabín Eliezer Aškenazi, Mordechaj ben Abraham Jaffe, Jehuda Liva ben Becalel – pověstný rabi Löw, nebo jeho nejvýznamnější žák Jom Tov Lipmann Heller, známý svým vynikajícím komentářem k Mišně. Později zde působil také vrchní pražský rabín Ezechiel Landau, velká autorita tradiční rabínské vzdělanosti a náboženského práva, nebo vrchní rabín Šalomo Juda Leib Rapoport, významný reprezentant židovského osvícenství *(haskaly)* a vědy o židovství.

The interior decoration of the Old-New Synagogue is complemented by a high banner which is attached to the west pillar of the main nave. The right to carry a banner as a symbol of the independence and autonomy of the Jewish community of Prague is recorded as early as the late 15th century. The present-day form of the banner dates from the reign of Charles VI, when it was restored on the occasion of the birth of his son, Archduke Leopold in 1716 (a copy of the original banner has been on display in the synagogue since 1999). The centre of the banner features the Star of David with a Jewish hat which was used as the official symbol of the Prague Jewish community from the 15th century. The text of the Jewish faith *"Shema Yisroel"* is inscribed along the edges of the flag.

Because the Old-New Synagogue was always the main synagogue of the Jewish community of Prague, its rabbis were the most prominent figures of the community – such as Rabbi Eliezer Ashkenazi, Mordechaj ben Abraham Jaffe, Judah Loew ben Bezalel – the legendary Rabbi Loew, or his most distinguished pupil Yom Tov Lipmann Heller, known for his excellent commentaries on the Mishnah. Also active here at a later date were the Chief Rabbi Ezechiel Landau – a great authority on traditional rabbinic learning and religious law, and the Chief Rabbi Solomon Judah Leib Rapoport, a prominent representative of the Jewish enlightenment *(Haskalah)* and Jewish science.

Zur Ausstattung der Synagoge gehört auch eine hohe Fahne, die am Westpfeiler des Hauptschiffs befestigt ist. Das Recht, eine eigene Fahne als Symbol der Autonomie der Prager Judengemeinde zu tragen, wurde schon am Ende des 15. Jhs. verbrieft. Ihr heutiges Aussehen geht auf die Erneuerung zur Zeit Kaiser Karls VI. anläßlich der Feierlichkeiten zur Geburt seines Sohns, Erzherzog Leopolds, im Jahre 1716 zurück (seit 1999 ist in der Synagoge eine Kopie dieser historischen Fahne angebracht). In der Mitte der Fahne befindet sich der sechszackige Davidstern mit dem Judenhut. Dieses Zeichen verwendete die Prager Judengemeinde offenbar schon seit dem 15. Jh. als Wappen. Um den Rand der Fahne ist das jüdische Glaubensbekenntnis geschrieben – „*Schema Jisroel...*"

Da die Altneusynagoge immer die Hauptsynagoge der jüdischen Gemeinde zu Prag war, wirkten hier deren hervorragendsten Persönlichkeiten und Gelehrten als Rabbiner, z. B. Eliezer Aschkenasi, Mordechai ben Abraham Jaffe, Juda Löw ben Bezalel – der berühmte Rabbi Löw – oder sein bedeutendster Schüler Jom Tov Lipmann Heller, der durch seine hervorragenden Kommentare zur Mischna bekannt ist. Später waren hier ebenfalls der Prager Oberrabbiner Ezechiel Landau, eine große Autorität der traditionellen Rabbinergelehrtheit und des Religionsrechts, oder der Oberrabbiner Salomo Juda Leib Rapoport, ein bedeutender Repräsentant der jüdischen Aufklärung *(Haskala)* und der Wissenschaft des Judentums, tätig.

Pohled do ženské lodi v severním přístavku Staronové synagogy, který byl přistavěn v letech 1740–41. Prostory ženských lodí jsou spojeny s hlavním sálem úzkými okénky, aby ženy mohly naslouchat bohoslužbě.

View showing the women's aisles in the north section of the Old-New Synagogue, which was annexed in 1740–41. The women's aisles are connected to the main hall by narrow slit openings in the wall to enable the women to hear the services.

Blick in das Frauenschiff im nördlichen Anbau der Altneusynagoge, der in den Jahren 1740–41 errichtet wurde. Die Räume der Frauenschiffe sind mit dem Hauptschiff durch schmale Fenster verbunden, damit die Frauen dem Gottesdienst zuhören konnten.

Na rozdíl od většiny ostatních synagog Židovského Města se Staronová synagoga nikdy nestala součástí okolní zástavby. Díky svému solitérnímu postavení a důkladné konstrukci zůstala uchráněna zhoubných požárů i jiného vážnějšího poškození a dochovala se dodnes téměř v původním stavu. Teprve v roce 1883 došlo k její rozsáhlejší obnově pod vedením arch. Josefa Mockera. Další rekonstrukce synagogy byla provedena v letech 1921–26, kdy byly obnoveny vnější omítky stavby. Částečná obnova interiéru se uskutečnila v letech 1966–67, kdy byla okna synagogy zasklena novými vitrážemi. Novou důkladnou rekonstrukcí prošla synagoga v letech 1998–99, kdy byl v postranních lodích proveden archeologický průzkum a hlavní sál vybaven ventilací a podlahovým vytápěním.

Unlike most other synagogues in the Jewish Town, the Old-New Synagogue never became part of the surrounding buildings. Thanks to its detached position and the soundness of its structure, the synagogue was protected from destructive fires and other serious damage and has survived to this day practically intact. It was not until 1883 that it underwent extensive renovation (under the supervision of architect Josef Mocker). Further reconstruction took place between 1921 and 1926, which entailed a renovation of the external rendering. Partial renovation of the interior was carried out in 1966–67, when new window-panes were put in. The synagogue was fully reconstructed in 1998–99, which involved carrying out an archaeological investigation in the aisles and providing the main hall with ventilation and floor heating.

Im Unterschied zu den meisten übrigen Synagogen der Judenstadt wurde die Altneusynagoge nie Bestandteil der übrigen Bebauung. Dank dieser Solitärstellung und ihrer soliden Konstruktion blieb sie von vernichtenden Feuersbrünsten und anderen ernsthaften Beeinträchtigungen verschont und bewahrte bis heute ihr fast ursprüngliches Aussehen. Erst im Jahre 1883 kam es unter der Leitung Josef Mockers zu einer umfassenderen Renovierung. Eine weitere Rekonstruktion fand in den Jahren 1921–26 statt, wobei auch der Außenputz erneuert wurde. Eine teilweise Erneuerung des Innenraums erfolgte in den Jahren 1966–67. Damals erhielten die Fenster neue Vitragen. In den Jahren 1998–99 erfuhr die Synagoge ihre letze, tiefgreifende Rekonstruktion, während der in den Seitenschiffen archäologische Untersuchungen stattfanden und der Hauptsaal mit einer Lüftungsanlage und Fußbodenheizung ausgestattet wurde.

Gotická pokladnička při vstupu do Staronové synagogy nese zkratku biblického citátu: "Dar ve skrytosti usmiřuje hněv" (Přísloví 21,14).

The Gothic alms box by the entrance to the Old-New Synagogue bears an abbreviation of the Biblical quotation: "A gift in secret subdues anger" (Proverbs 21:14).

Die kleine gotische Kasse am Eingang der Altneusynagoge trägt die Abkürzung des Bibelzitats: "Eine heimliche Gabe stillt den Zorn" (Sprüche 21,14).

Pinkasova synagoga

Staronová synagoga zůstala svým významem i architektonickou hodnotou na dlouhou dobu hlavní stavbou pražského ghetta. Období vrcholného středověku zde nezanechalo žádnou pozoruhodnější památku. Teprve za vlády Vladislava Jagellonského, který roku 1501 potvrdil výsady pražské židovské obce, došlo k obnovení stavební činnosti. Na krátký čas se Čechy znovu dostaly do popředí vývoje pozdně gotické architektury ve střední Evropě.

První zmínka o existenci soukromé modlitebny rodiny Hořovských je doložena k roku 1492. Tehdy to byla menší stavba na okraji Starého židovského hřbitova, tvořící součást obytného domu „U Erbů". Roku 1519 získal modlitebnu dědictvím ctižádostivý Aron Mešulam Zalman Hořovský (Horovic), který patřil k vůdčím osobnostem pražského Židovského Města. Rostoucímu významu rodiny Hořovských a jejímu postavení v pražské židovské obci odpovídá i výstavba nové synagogy. Aron Mešulam a jeho paní Nechama nechali podle svědectví nápisu na desce ve vestibulu synagogy v roce 1535 vystavět na místě starší modlitebny budovu dnešní Pinkasovy synagogy. Jako Pinkasova škola začala být nová synagoga označována od konce 16. století, nejspíše podle Israele Pinkase, původního majitele domu.

The Pinkas Synagogue

On account of its importance and its architectural value, the Old-New Synagogue was for a long time the main building of the Prague ghetto. The period of the high Middle Ages did not leave behind a more remarkable monument here. A revival in building activity occurred only during the reign of Wladislaw Jagello, who in 1501 confirmed the privileges of the Jewish community of Prague. For a short period, late Gothic architecture in Bohemia came to the forefront in Central Europe.

The first recorded mention of the private house of prayer of the Horowitz family dates from 1492. At the time it was a small building at the edge of the Old Jewish Cemetery, forming part of the house "U Erbů". In 1519 the house of prayer was inherited by the ambitious Aron Meshullam Zalman Horowitz, one of the leading figures of Prague's Jewish Town. The construction of a new synagogue reflected the growing influence of the Horowitz family and its position within the Jewish community of Prague. According to the inscription on the entrance tablet, Aron Meshullam and his wife Nehama had the Pinkas Synagogue built in 1535 on the site of the old house of prayer. From the late 16th century the new synagogue became known as the Pinkas Shul, most likely after Israel Pinkas, the original owner of the house.

Die Pinkassynagoge

Die Altneusynagoge blieb mit ihrer Bedeutung und ihrem architektonischen Wert lange Zeit das Hauptbauwerk des Prager Ghettos. Das hohe Mittelalter hinterließ hier kein bedeutenderes Denkmal. Erst zur Zeit Wladislaw Jagiellos, der 1501 die Privilegien der Prager Judengemeinde bestätigte, erwachte in Böhmen die Bautätigkeit wieder. Für kurze Zeit gelangten die hiesigen spätgotischen Architekturen in den Vordergrund der europäischen Entwicklung.

Der erste Hinweis auf die Existenz eines privaten Bethauses der Familie Horowitz ist 1492 nachgewiesen. Das war damals ein kleineres Gebäude am Rande des Alten jüdischen Friedhofs, das zum Wohnhaus „U Erbů" gehörte. Im Jahre 1519 erbte der ehrgeizige Aron Meschullam Zalman Horowitz, der zu den führenden Persönlichkeiten der Prager Judenstadt gehörte, das Bethaus. Der wachsenden Bedeutung der Familie Horowitz war auch der Bau einer neuen Synagoge angemessen. Aron Meschullam und seine Frau Nechama ließen der Inschrift auf der Tafel im Vestibül zufolge 1535 an der Stelle des älteren Bethauses das Gebäude der heutigen Pinkassynagoge errichten. Diese neue Synagoge wurde seit dem Ende des 16. Jhs. wohl nach Israel Pinkas, dem ursprünglichen Besitzer des Hauses, Pinkasschule genannt.

◁ *Západní průčelí Pinkasovy synagogy se otevírá do slepé Pinkasovy uličky.*

◁ *The west facade of the Pinkas Synagogue opens onto Pinkas Cul-de-sac.*

◁ *Die Westfassade der Pinkassynagoge ist der gleichnamigen Sackgasse zugewandt.*

Pro nedostatek místa v ghettu byla Pinkasova synagoga vystavěna na samém okraji Starého židovského hřbitova (pohled ze severovýchodu).

Due to a lack of space in the ghetto, the Pinkas Synagogue was built on the very edge of the Old Jewish Cemetery (view from the north-east).

Da es im Ghetto an Platz mangelte, wurde die Pinkassynagoge direkt am Rand des Alten jüdischen Friedhofs errichtet (Ansicht von Nordosten).

Vstupní dvůr do Pinkasovy synagogy byl zbudován na počátku 17. století. Přístavba se sdruženými okny slouží jako předsíň synagogy a galerie pro ženy.

The front portal of the Pinkas Synagogue was built in the early 17th century. The annex serves as a vestibule and women's gallery.

Der Eingangshof zur Pinkassynagoge wurde am Anfang des 17. Jahrhunderts angelegt. Der Anbau mit den Verbundfenstern dient als Vorhalle zur Synagoge und als Frauenempore.

Interiér Pinkasovy synagogy – pohled k východu. Po pravé straně se otvírají arkády do vedlejší lodi a galerie pro ženy. Ve výzdobě stavby se mísí pozdně gotické a renesanční výzdobné prvky.

Interior of the Pinkas Synagogue – view towards the east. On the right, porticoes open onto the side aisles and women's gallery. The decoration of the building is a mixture of late Gothic and Renaissance elements.

Interieur der Pinkassynagoge, Blick nach Osten. An der rechten Seite öffnen sich Arkaden zum Seitenschiff und zur Frauenempore. In der Ausstattung der Synagoge mischen sich Zierelemente der Spätgotik und der Renaissance miteinander.

Vysoký jednolodní prostor synagogy je sklenutý pozdně gotickou síťovou klenbou. Protínající se žebra rozčleňují plochu klenby světelnými kontrasty, které sjednocují a dynamizují podélný prostor modlitebny. Pozdně gotickým tvaroslovím stavby proniká však již množství raně renesančních prvků. Přípory jsou zdobeny kanelurou, která je připodobňuje renesančním pilastrům, výzdobu klenby doplňují plastické renesanční rozety a malovaný vejcovec, napodobující renesanční štukatury podle módních italských vzorů. Slabé obvodové zdivo je zesíleno vtaženými opěrnými pilíři, mezi nimiž je v severní stěně vsazeno pět vysokých oken s kružbami. Jako ve Staronové synagoze byla i zde původně rozmístěna sedadla podél obvodových stěn sálu a obrácena k bimě uprostřed. Pozdně gotický slohový charakter stavby dotvářela bohatá kamenická výzdoba schránky na Tóru a bimy, zdobených původně slepými kružbami a zvadlými fiálami. Slohově nepokročilejší součást výzdoby tvoří vstupní portál, provedený v neobvykle čistých formách rané renesance.

The high single-nave of the synagogue is arched by a late Gothic reticulated vault. The intersecting ribs articulate the vaulting by light and shade contrasts, lending a sense of unity and dynamism to the oblong space of the building. The late Gothic form and structure of the building, however, is interspersed with a number of early Renaissance features. The shafts are fluted, similar to Renaissance pilasters, and the decoration of the vault is supplemented by plastic Renaissance rosettes and a painted egg and dart in the style of Renaissance plaster mouldings. The relatively thin outside walls are reinforced by built-in buttresses, between which are situated five high traceried windows in the north wall. As in the Old-New Synagogue, the seats were originally arranged along the perimeter walls, facing the bimah in the centre. The late Gothic style of the building is complemented by the rich stone-cut decoration on the Holy Ark and bimah, which are adorned with blind traceries and withered pinnacles. The most sophisticated feature of the decoration in terms of style is the front portal, which is rendered in the unusually pure forms of the early Renaissance.

Der hohe einschiffige Raum der Synagoge schließt mit einem spätgotischen Netzgewölbe ab. Die einander durchdringenden Rippen beleben die Gewölbefläche mit Lichtkontrasten, die den länglichen Raum vereinheitlichen und dynamisieren. In die spätgotische Formensprache dringen jedoch schon frühe Renaissanceelemente ein. Die Dienste sind mit Kannelüren verziert, wodurch sie an Renaissancepilaster erinnern. Die Dekoration des Gewölbes ist mit plastischen Renaissancerosetten und gemaltem Eierstab ergänzt. Das schwache Umfassungsmauerwerk ist mit inneren Strebepfeilern verstärkt, zwischen denen an der Nordwand fünf hohe Maßwerkfenster angebracht sind. Wie in der Altneusynagoge waren auch hier die Sitze entlang den Wänden des Raums aufgestellt und der Bima zugewandt. Der spätgotische Charakter des Bauwerks wird auch durch die reiche Steinmetzdekoration des Thoraschreins und der Bima verdeutlicht, die ursprünglich mit Blendmaßwerk und gebogenen Fialen verziert waren. Das stilistisch anspruchsvollste Element ist das Eingangsportal, das in ungewöhnlich reinen Frührenaissanceformen ausgebildet ist.

Nápis na kamenné desce ve vestibulu Pinkasovy synagogy z roku 1535 oslavuje novostavbu synagogy a jejího stavebníka, Arona Mešulama Hořovského, syna rabi Ješaji Leviho blahé paměti, a jeho ženu Nechamu.

The inscription on the stone desk in the vestibule of the Pinkas Synagogue from 1535 commemorates the new synagogue and its builder, Aron Meshulam Horowitz, the son of Rabbi Yeshay Levi of blessed memory and his wife Nehama.

Die Inschrift der Steinplatte im Vestibül der Pinkassynagoge aus dem Jahre 1535 preist den Neubau der Pinkassynagoge, ihren Bauherrn Aaron Meschullam Horowitz, den Sohn des Rabbiners Jeschaja Levi, sein Andenken sei gesegnet, und dessen Gemahlin Nechama.

Pozdně gotická síťová klenba je zdobena rene-sančním malovaným dekorem. V rokokové mříži bimy se opakuje emblém šesticípé Davidovy hvězdy se židovským kloboukem uprostřed – symbol pražské židovské obce.

The late Gothic reticulated vault features Renaissance decorative paintwork. The Rococo grille of the bimah features a motif of the Star of David with a Jewish hat in the centre – the symbol of the Jewish community of Prague.

Das spätgotische Netzgewölbe ist mit einem gemalten Renaissancedekor geschmückt. Am Rokokogitter der Bima wiederholt sich das Emblem des sechszackigen Davidsterns mit dem Judenhut in der Mitte – das Wahrzeichen der Prager Judengemeinde.

Pódium pro předčítání Tóry je vzhledem k podélné dispozici stavby, do níž se vstupovalo v západní části, posunuto poněkud k východu. Parapet bimy byl původně zdoben pozdně gotickými slepými kružbami s motivy oslích hřbetů. Při opravě v roce 1775 byla kamenická výzdoba osekána a parapet potažen červeným mramorovým štukem. Pro výzdobu bimy daroval roku 1793 kovanou rokokovou mříž Joachim Popper. V jejích postranních segmentech se objevuje motiv šesticípé Davidovy hvězdy se středověkým židovským kloboukem – znak pražské židovské obce.

Synagoga zůstala v rukou Hořovských po celé 16. století. Mezi lety 1607–25 byla budova synagogy rozšířena rozsáhlou pozdně renesanční přístavbu s postranní ženskou lodí, galerií a prostorným vestibulem, kterou navrhl stavitel ghetta Juda Coref de Herz. Jemné formy ostění kruhových a půlkruhovitě zakončených oken připomínají nedaleký kostel sv. Salvátora, který byl jako jediný nový protestantský kostel v Praze postaven v roce 1613. Průčelí nové přístavby bylo spolu s hlavním vstupním portálem obráceno do vnitřního dvora, který zde až do zbourání okolních domů v době asanace Josefova vytvářel malé renesanční nádvoří.

Jako vzácná relikvie byl v Pinkasově synagoze po staletí chován praporec a roucho mesianistického mučedníka Šeloma Molcha, upáleného v Mantově roku 1532. Později najdeme mezi členy rodiny Hořovských řadu rabínů a učenců, kteří se věnovali studiu židovské mystiky – kabaly. Patří k nim zejména Šabtaj Šeftl ben Akiva Horovic, autor spisu „Šefa tal" (Příval rosy, 1612), a Ješaja ben Abraham ha-Levi Horovic, autor známého kabalistického spisu „Šnej luchot ha-brit" (Dvě desky Smlouvy, 1649).

Due to the oblong layout of the building, which was entered from the west, the podium for reading from the Torah is positioned slightly to the east. The bimah was originally decorated with blind late-Gothic tracery featuring ogee arch motifs. During renovation in 1775 the stone-cut decoration was removed and the bimah was coated in red marble stucco. A forged Rococo grille to decorate the bimah was donated by Joachim Popper. Its side sections feature a motif of the Star of David with a medieval Jewish hat – the symbol of the Jewish community of Prague.

The synagogue remained in the hands of the Horowitz family throughout the 16th century. Between 1607 and 1625 the building was extended by a late Renaissance annex with a women's aisle, gallery and spacious vestibule, all designed by the ghetto builder Juda Tzoref de Herz. The fine quality of the jambs of the circular and semicircular windows are reminiscent of those in the nearby St. Salvator church, which was built in 1613 as the only new Protestant church in Prague. The facade of the new annex together with the front portal faced a small Renaissance courtyard, which stood here until the demolition of the surrounding houses during the renewal of Josefov at the end of the 19th century.

The banner and robe of Solomon Molcho, the Messianic martyr burnt at the stake in Mantua in 1532, was kept as a valuable relic in the Pinkas Synagogue for centuries. Among the later members of the Horowitz family were a number of rabbis and scholars who devoted themselves to the study of Jewish mysticism – the Kabbala. These include above all Shabbetai Sheftel ben Akiva Horowitz, the author of the book "Shefa Tal" (Torrent of Dew, 1612) and Isaiah ben Abraham ha-Levi Horowitz, the author of the celebrated Kabbala work "Shenei Luhot ha-Berit" (Two Tablets of the Covenant, 1649).

Die Bima ist in Anbetracht der länglichen Gestalt des Gebäudes, das von Westen her betreten wird, etwas nach Osten verlagert. Ihre Brüstung war ursprünglich mit spätgotischem Kielbogen-Blendmaßwerk verziert. Während der Instandsetzung im Jahre 1775 wurde diese steinerne Dekoration durch roten Marmorstuck ersetzt. Im Jahre 1793 schenkte Joachim Popper für die Bima ein schmiedeeisernes Rokokogitter, in dessen Seitenteile das Motiv des Davidsterns mit dem mittelalterlichen Judenhut, dem Wappen der Prager Judengemeinde, eingearbeitet war.

Die Synagoge blieb während des ganzen 16. Jhs. in der Hand der Familie Horowitz. In den Jahren zwischen 1607–25 wurde sie nach einem Entwurf des Ghettobaumeisters Juda Tzoref de Herz mit einem breiten Anbau im Stile der Spätrenaissance, zu dem das seitliche Frauenschiff, die Empore und das geräumige Vestibül gehörten, erweitert. Die zarten Formen der Gewände der runden und der halbrund abschließenden Fenster erinnern an die nicht weit entfernte St.-Salvator-Kirche, die als einzige neue protestantische Kirche 1613 in Prag erbaut worden war. Die Fassade des neuen Anbaus war mit dem Hauptportal in den kleinen Renaissanceinnenhof gerichtet, der bis zum Abriß der Nachbarhäuser während der Assanierung des Josefsstadt bestand.

Als wertvolle Reliquien wurden in der Pinkassynagoge jahrhundertelang der Wimpel und das Gewand des messianistischen Märtyrers Salomo Molcho, der 1532 in Mantua verbrannt wurde, aufbewahrt. Später finden wir unter den Mitgliedern der Familie Horowitz eine ganze Reihe von Rabbinern und Gelehrten, die sich dem Studium der jüdischen Mystik, der Kabbala, widmeten. Zu ihnen gehören vor allem Sabbatai Scheftel ben Akiva Horowitz, der Autor der Schrift „Schefa Thal" (Die Flut der Tautropfen, 1612) und Jesaja ben Abraham ha-Levi Horowitz, der Autor der bekannten kabbalistischen Schrift „Schne Luchot ha-Brit" (Die zwei Tafeln des Bundes, 1649).

*Interiér Pinkasovy synagogy –
pohled k západu. Pozdně gotic-
ká bima uprostřed synagogy
byla obnovena koncem 18. sto-
letí. Rokokovou mříž k její vý-
zdobě tehdy synagoze věnoval
Joachim Popper.*

*Interior of the Pinkas Syna-
gogue – view to the west. The
late Gothic bimah in the centre
of the synagogue was reno-
vated in the late 18th century.
The decorative Rococo grille
was donated to the synagogue
by Joachim Popper.*

*Interieur der Pinkassynagoge
– Blick nach Westen. Die spät-
gotische Bima in der Mitte der
Synagoge wurde am Ende des
18. Jahrhunderts erneuert. Das
dekorative Rokokogitter stifte-
te damals Joachim Popper.*

Hluboké nivó Pinkasovy synagogy a nedostatečná regulace celé čtvrti byly příčinou neustále se opakujících záplav. Po povodních v letech 1758 a 1771 došlo k barokní úpravě poškozené schránky na Tóru i bimy. Roku 1838 byla osazena nová cínová schránka na svitky Tóry. Po povodni roku 1860 přikročilo představenstvo synagogy k radikální modernizaci interiéru. Aby se zabránilo dalším záplavám, bylo podlaží hlavního sálu a vestibulu zvýšeno navážkou téměř o 1,5 m. Současně došlo k zasypání bimy, odstranění části barokní výzdoby aronu ha-kodeš a zazdění vstupního renesančního portálu. Stará sedadla byla nahrazena lavicemi v řadách za sebou a celé zařízení interiéru modernizováno v novorománském slohu.

Snahy o rekonstrukci Pinkasovy synagogy započaly již ve dvacátých letech 20. století, kdy byly provedeny první sondy do navážky a objeveny fragmenty původního článkoví. Zásadní rekonstrukce budovy synagogy však byla provedena až v letech 1950–54, kdy byly odstraněny navážky, odkryty původní omítky a restaurována schránka na Tóru, bima a vstupní portál. V letech 1954–59 byl interiér Pinkasovy synagogy upraven na Památník téměř 78 000 obětí nacistické rasové genocidy židovských obyvatel Čech a Moravy. Jména obětí, uspořádaná abecedně podle obcí a rodin, byla napsána na stěnách vestibulu, hlavního prostoru, ženské lodi a galerie. Zasazena do základních souvislostí svých životů, ztratila jména obětí anonymitu čísel a získala znovu svou lidskou tvář. Prostředí památné synagogy a sousedství Starého židovského hřbitova je spojuje s generacemi jejich předků. Autory návrhu památníku i původního provedení byli malíři Jiří John a Václav Boštík, památník byl zpřístupněn veřejnosti v roce 1960.

The deep level of the Pinkas Synagogue and insufficient drainage in the area were the cause of repeated flooding. After the floods of 1758 and 1771 the damaged Ark of the Law and bimah were remodelled in a Baroque style. A new tin shrine for Torah scrolls was provided in 1838. After the flood of 1860 the interior underwent radical modernization. In order to prevent further flooding, the floor level of the main hall and vestibule was raised by almost 1.5 metres. At the same time, the bimah was buried in the ground, the Baroque decoration of the ark was removed, and the Renaissance portal walled-in. The old seats were replaced by rows of benches and all the interior fixtures were modernized in a Neo-Renaissance style.

Attempts to reconstruct the Pinkas Synagogue began in the 1920s, when the first trial pits in the filling ground revealed fragments of the original mouldings. Major reconstruction of the building, however, did not take place until 1950–54, when earth fill was removed, original plasterwork was uncovered, and the ark, bimah and front portal were restored. Between 1954 and 1959 the interior was turned into a memorial to the nearly 78,000 victims of the Nazi Genocide of the Jewish population of Bohemia and Moravia. Their names were arranged in alphabetical order on the basis of communities and families and inscribed on the walls of the vestibule, the main nave, women's nave and gallery. Placed in the underlying contexts of their lives, the victim's names lost the anonymous impersonality of numbers and regained their human quality. The memorial synagogue and the neighbourhood of the Old Jewish Cemetery unite them with generations of their ancestors. The memorial was designed and executed by the painters Jiří John and Václav Boštík, and opened to the public in 1960.

Die tiefe Lage der Pinkassynagoge war die Ursache für sich ständig wiederholende Überflutungen. Nach den Hochwassern der Jahre 1758 und 1771 wurden der beschädigte Thoraschrein und die Bima barock umgestaltet. Im Jahre 1838 wurde ein neuer zinnerner Schrein für die Thorarollen angeschafft. Nach dem Hochwasser von 1860 kam es zu einer radikalen Modernisierung. Der Fußboden des Hauptsaals und des Vestibüls wurde zur Verhinderung weiterer Überschwemmungen durch Aufschüttung um fast 1,5 m angehoben. Gleichzeitig wurden die Bima zugeschüttet, die barocke Dekoration des Aron ha-Kodesch beseitigt und das Renaissanceportal zugemauert. Das alte Gestühl wurde durch in Reihen hintereinander aufgestellte Bänke ersetzt und die gesamte Innenausstattung im neuromanischen Stil modernisiert.

Die Bemühungen um eine Rekonstruktion der Pinkassynagoge setzten schon in den zwanziger Jahren des 20. Jhs. ein. Zu einer umfassenden Rekonstruktion des Gebäudes kam es aber erst in den Jahren 1950–54, als die Aufschüttung beseitigt, ursprüngliche Putzschichten freigelegt und der Thoraschrein, die Bima sowie das Portal restauriert wurden. In den Jahren 1954–59 wurde der Innenraum der Pinkassynagoge zu einer Gedenkstätte für fast 78 000 Opfer des nazistischen Rassengenozids an den jüdischen Bürgern in Böhmen und Mähren umgestaltet. Die Namen der Opfer wurden, alphabetisch nach Gemeinden und Familien geordnet und auf die Wände des Vestibüls, des Hauptraums, des Frauenschiffs und der Empore geschrieben. Auf diese Weise in den elementaren Zusammenhang ihrer Leben gesetzt, verloren die Namen der Opfer die Anonymität unpersönlicher Nummern und erhielten ihre menschliche Identität zurück. Das Milieu der historischen Synagoge und die Nachbarschaft des Alten jüdischen Friedhofs verbinden sie mit den Generationen ihrer Vorfahren. Die Autoren der Gedenkstätte waren die Maler Jiří John und Václav Boštík. Im Jahre 1960 wurde sie der Öffentlichkeit zugänglich gemacht.

TEREZÍN
MAJDANEK
LUBLIN
CHRISTIANSTADT
WARSZAWA
NISKO
IZBICA
RÍGA
FLOSSENBÜRG
DACHAU
BERGEN-BELSEN
HAMBURG

OŚWIĘCIM
TREBLINKA
ZAMOŚĆ
KAUFERING
MALY TROSTINEC
CHEŁMNO
ŁÓDŹ
SCHWARZHEIDE
MINSK
SACHSENHAUSEN
MAUTHAUSEN
SZTUTOWO

Raně barokní svatostánek (aron ha-kodeš) se sdruženými sloupy a nástavcem pochází nejspíše z konce 17. století. Po obou stranách svatostánku jsou jména koncentračních a vyhlazovacích táborů, v nichž zahynula většina židovských občanů z českých zemí.

The early Baroque ark (aron ha-kodesh), together with double pillars and finial probably date from the late 17th century. On both sides of the ark are inscribed the names of concentration and extermination camps, in which the majority of the Jews from the Czech Lands perished.

Der frühbarocke Thoraschrein (Aron ha-Kodesch) mit den Doppelsäulen und dem Aufsatz stammt höchstwahrscheinlich vom Ende des 17. Jahrhunderts. An seinen beiden Seiten sind die Namen der Konzentrations- und Vernichtungslager angebracht, in denen die meisten jüdischen Bürger der böhmischen Länder umkamen.

Vroce 1968 byl Památník v Pinkasově synagoze uzavřen v důsledku pronikání vlhkosti do stěn a poškození části nápisů. Práce na hloubkové izolaci stavby se protáhly o archeologický průzkum a novou úpravu suterénu budovy. Po okupaci Československa v srpnu 1968 zůstala Pinkasova synagoga na více než 20 let uzavřena a nápisy na stěnách Památníku byly zničeny. Teprve po listopadu 1989 byla rekonstrukce dokončena a v roce 1992 byla synagoga zpřístupněna veřejnosti. Nápisy se jmény obětí na stěnách byly znovu obnoveny v letech 1992–95 podle původního projektu.

Při archeologickém průzkumu Pinkasovy synagogy v roce 1968 byly v podzemí objeveny klenuté prostory se zbytky několika starých studní a s rituální lázní – *mikve*, využívající trvalého vodního zdroje v této oblasti. Podle dochovaného zdiva a nalezené keramiky pochází rituální lázeň nejspíše z konce 15. století a patří tedy k nejstarším dokladům židovského osídlení v oblasti Pinkasovy synagogy.

The memorial in the Pinkas Synagogue was closed in 1968 as a result of rising ramp and inscription damage. Damp-proofing work was prolonged due to an archaeological investigation and basement alterations. Following the occupation of Czechoslovakia in August 1968, the Pinkas Synagogue remained closed for over 20 years and the inscriptions on the wall of the memorial were destroyed. It was only after the Velvet Revolution in November 1989 that the reconstruction was completed. The synagogue reopened to the public in 1992 and the inscriptions were restored in 1992–95 in accordance with the original design.

During an archaeological investigation in the Pinkas Synagogue in 1968, a discovery was made of vaulted spaces with the remains of ancient wells and a ritual bath *(mikveh)*, which made use of a permanent water supply in this area. On the basis of surviving brickwork and ceramics, the ritual bath probably dates back to the late 15th century and is therefore one of the oldest objects testifying to the Jewish settlement in the area of the Pinkas Synagogue.

Im Jahre 1968 wurde die Gedenkstätte in der Pinkassynagoge wegen eindringender Feuchtigkeit und der Beschädigung eines Teils der Inschriften geschlossen. Die Isolierungsarbeiten hatten archäologische Untersuchungen und eine Neugestaltung des Souterrains zur Folge. Nach der Okkupation der Tschechoslowakei im August 1968 blieb die Pinkassynagoge über 20 Jahre geschlossen und die Inschriften an den Wänden wurden vernichtet. Erst im November 1989 wurde die Rekonstruktion der Synagoge abgeschlossen, im Jahre 1992 wurde sie der Öffentlichkeit zugänglich gemacht. Die Inschriften und die Namen an den Wänden wurden in den Jahren 1992–95 nach dem ursprünglichen Projekt erneuert.

Während der archäologischen Untersuchungen im Jahre 1968 wurden im Untergrund des Bauwerks gewölbte Räume mit den Resten einiger alter Brunnen und eines rituellen Bads – einer *Mikwe* – gefunden, die die in diesem Gebiet nicht versiegenden Wasserressourcen nutzten. Dem erhaltenen Mauerwerk und den Keramikfunden zufolge stammt die Mikwe wahrscheinlich vom Ende des 15. Jhs. und gehört damit zu den ältesten Belegen für die jüdische Besiedlung dieses Gebiets.

Vstupní portál do Pinkasovy synagogy je proveden v čistých formách rané renesance. Vedle zkratky obvyklého nápisu: „Toto je brána Hospodinova, do které vcházejí spravedliví" (Žalm 118,20) nese šesticípou hvězdu a znak konvice – symbol biblického rodu levitů.

The front portal of the Pinkas Synagogue is rendered in the pure forms of the early Renaissance. In addition to abbreviations of the common inscription: "This is the gate of the Lord..." (Psalm 118:20), it features the Star of David and a pot – the symbol of the biblical tribe of the Levites.

Das Eingangsportal der Pinkassynagoge ist in reinen Frührenaissanceformen ausgeführt. Neben der Abkürzung der üblichen Inschrift: „Das ist das Tor des Herrn; die Gerechten werden dahin eingehen" (Psalm 118,20), trägt es einen sechszackigen Stern und das Symbol einer Kanne, das Wahrzeichen des biblischen Geschlechts Levi (der Leviten).

49

Nápisy se jmény téměř 78 000 obětí nacistické rasové perzekuce z českých zemí. Nápisy jsou uspořádány abecedně podle jednotlivých obcí a příjmení. Pouze z Prahy a okolí bylo deportováno více než 45 500 židovských občanů.

Inscriptions of the names of the nearly 78,000 victims of the Nazi Genocide from the Czech Lands. The inscriptions are arranged in alphabetical order on the basis of communities and families. Over 45,500 Jews were deported from Prague and its surroundings alone.

Inschriften mit den Namen von fast 78 000 Opfern der nazistischen Rassenpersekution in den böhmischen Ländern. Die Inschriften sind alphabetisch nach den einzelnen Gemeinden und Familiennamen geordnet. Allein aus Prag und seiner Umgebung waren über 45 500 jüdische Bürger deportiert worden.

Synagogy renesančního ghetta

V poslední třetině 16. století prožívalo pražské Židovské Město období kulturního, hospodářského i stavebního rozkvětu, které vyvrcholilo za vlády císaře Rudolfa II. Rozvoj peněžnictví, řemesel a obchodu způsobil uvolnění života v ghettu a počet jeho obyvatel několikanásobně vzrostl. Stále častěji se v Židovském Městě objevují významní učenci a myslitelé, stejně jako zámožní mecenáši a stavebníci.

Většina stavebních podniků v poslední čtvrti 16. století je spojena se jménem tehdejšího primase Židovského Města Mordechaje ben Šmuela Maisela (1528–1601). Maisel rozšířil novými nákupy pozemků již nedostačující plochu Starého židovského hřbitova a na jeho okraji dal vystavět tzv. „klausy". V nich byly umístěny synagoga a talmudická škola, která za vedení rabiho Jehudy Livy ben Becalela (1512–1609) nabyla značného věhlasu.

Mordechaj Maisel se podílel rovněž na budování židovské radnice, v níž pražské ghetto získalo symbol své autonomie a sídlo samosprávy. Podle zprávy kronikáře Davida Ganse (1541–1613) založil rovněž chudobinec a nemocnici a dal vydláždit všechna veřejná prostranství ghetta, podporoval také pražské pohřební bratrstvo. Židovské Město bylo teprve nyní stavebně dotvořeno a získalo pevný urbanistický rozvrh i do budoucna.

Synagogues of the Renaissance Ghetto

In the last third of the 16th century, Prague's Jewish Town experienced a period of cultural, economic and building prosperity which reached its peak during the reign of Emperor Rudolph II. The development of finance, trade and crafts led to greater freedom in the ghetto, whose population increased several-fold. Prominent scholars and thinkers, as well as wealthy patrons and builders made increasingly frequent appearances in the Jewish Town.

The majority of building firms in the last quarter of the 16th century are linked to the name of the then mayor of the Jewish Town, Mordechai ben Samuel Maisel (from 1528 till 1601). Maisel extended the by now insufficient area of the Old Jewish Cemetery by making new purchases of plots, and arranged for the construction of so-called "klausen" at the edge of the cemetery. Klausen contained a synagogue and a Talmudic school, which was to gain considerable prestige under the direction of Rabbi Judah Loew ben Bezalel (1512–1609).

Mordechai Maisel was also involved in the construction of the Jewish Town Hall, in which the Prague ghetto acquired a symbol of its autonomy and a seat of self-government. According to a report by the chronicler David Gans (1541–1613), Maisel also founded a poorhouse and a hospital, arranged for the paving of all public areas in the Ghetto and supported the Prague Burial Society. Only now was the development of the Jewish Town complete, and a sound urban plan was gained for the future.

Die Synagogen des Renaissance-ghettos

Im letzten Drittel des 16. Jhs. erlebte die Prager Judenstadt in Kultur, Wirtschaft und Bautätigkeit eine Blütezeit, die unter Kaiser Rudolf II. ihren Höhepunkt erreichte. Die Entfaltung des Finanzwesens, Handwerks und Handels führten zu einer Entspannung des Lebens im Ghetto, und die Zahl seiner Einwohner wuchs um ein Mehrfaches. Immer häufiger treten in der Judenstadt sowohl bedeutende Gelehrte und Denker als auch wohlhabende Mäzene und Bauherren auf.

Die meisten Bauvorhaben des letzten Viertels des 16. Jhs. sind mit dem Namen des damaligen Primas der Judenstadt Mordechai ben Samuel Maisel (1528–1601) verbunden. Maisel erweiterte mit Grundstücksankäufen die nicht mehr ausreichende Fläche des Alten jüdischen Friedhofs und ließ an seinem Rande die sog. „Klausen" errichten. Hier wurden eine Synagoge und eine Talmudschule untergebracht. Letztere erlangte unter der Leitung von Rabbi Juda Löw ben Bezalel (1512–1609) große Berühmtheit.

Mordechai Maisel beteiligte sich auch am Bau des jüdischen Rathauses, mit dem das Prager Ghetto ein Symbol seiner Autonomie und eine Residenz für die Selbstverwaltung erhielt. Nach dem Bericht des Chronisten David Gans (1541–1613) gründete Maisel auch ein Armen- und ein Krankenhaus, ließ das gesamte öffentliche Gelände des Ghettos pflastern und unterstützte auch die Prager Begräbnisbruderschaft. Erst jetzt war die Judenstadt baulich vollendet und erhielt damit auch für die Zukunft eine feste urbanistische Konzeption.

Vysoká synagoga

Stavbu Vysoké synagogy dokončil primas Mordechaj Maisel (1528–1601) podle zprávy historika Davida Ganse v roce 1568. Byla provedena nejspíše současně se stavbou židovské radnice, s níž synagoga stavebně i funkčně souvisela. Synagoga je přístupná vchodem v patře ze židovské radnice a sloužila patrně k zasedání židovské rady starších a snad i rabínského soudu. Název synagogy byl nejspíše odvozen z jejího neobvyklého umístění v prvním patře budovy, zároveň však naznačuje její výlučný a neveřejný charakter. Stavebník vybavil synagogu bohatými dary svitků Tóry a stříbrného náčiní. Stavbu provedl stavitel italského původu Pankratius Roder a místní zedníci, vedení mistrem Radou.

Sálový prostor synagogy, zbudovaný téměř na čtvercovém půdorysu a osvětlený vysokými okny v průčelí, působí neobvykle světským dojmem. Třídílné členění stěn plochými pilastry ve spodní části sálu odpovídá lunetám klenby i umístění vysokých oken v severní a původně také ve východní stěně. Pravidelná modulace stěn zdůrazňuje jasnou přehlednost i centrální dispozici renesančního prostoru. Té ostatně odpovídalo i původní umístění bimy s pultem pro předčítání Tóry ve středu místnosti a rozmístění sedadel po obvodu hlavního sálu.

The High Synagogue

According to an account by the historian David Gans, the construction of the High Synagogue was completed by Mayor Mordechai Maisel (1528–1601) in 1568. It was probably built at the same time as the Jewish Town Hall, with which it was linked both in terms of structure and function. Initially, the synagogue was accessible via a first floor entrance in the Jewish Town Hall and was probably used for sessions of the Jewish council of elders and, perhaps, also of the rabbinic court. The name of the synagogue probably derived from its unusual location on the first floor, also suggesting its exclusive and non-public character. Numerous Torah scrolls and silver instruments were donated by Maisel. The construction was carried out by Pankratius Roder, a master builder of Italian origin, with local masons under a foreman called Rada.

The hall area, almost square in plan and lit by high windows on the facade, gives an unusually secular impression. The tripartite division of the walls by flat pilasters in the lower part of the hall corresponds with the lunettes of the vault and the location of the high windows in the north and, originally, also in the east wall. The regular modulation of the walls highlights the clarity and centrality of the Renaissance interior. The location of the bimah and reading desk in the middle of the room and the arrangement of pews along the perimeter walls of the main hall corresponded originally with this central plan.

Die Hohe Synagoge

Nach Berichten des Historikers David Gans beendete Primas Mordechai Maisel (1528–1601) den Bau der Hohen Synagoge im Jahre 1568. Sie wurde höchstwahrscheinlich gleichzeitig mit dem jüdischen Rathaus ausgeführt, mit dem sie baulich und funktionell zusammenhing. Der Eingang zur Synagoge befindet sich im ersten Geschoß des jüdischen Rathauses, sie diente offenbar den Sitzungen des Ältestenrats und vielleicht auch des Rabbinergerichts. Ihr Name geht wahrscheinlich auf die ungewöhnliche Lage im ersten Geschoß des Gebäudes zurück, verweist aber gleichzeitig auch auf ihre Ausnahmestellung und den nicht öffentlichen Charakter. Der Bauherr beschenkte die Synagoge reich mit Thorarollen und Silbergerät. Den Bau führten der aus Italien stammende Baumeister Pankratius Roder und ortsansässige Maurer unter der Leitung Meister Radas aus.

Der Saalraum der Synagoge, der einen fast quadratischen Grundriß und hohe Fenster hat, macht einen ungewöhnlich weltlichen Eindruck. Die dreiteilige Gliederung der Wände mit flachen Pilastern im unteren Bereich des Saals entspricht den Stichkappen des Gewölbes und der Anordnung der hohen Fenster in der Nord- und ursprünglich auch der Ostwand. Diese regelmäßige Gliederung der Wände betont die klare Übersichtlichkeit der Zentralbaukomposition des Renaissanceraums. Dieser entsprachen übrigens auch die ursprüngliche Stellung der Bima mit dem Pult zum Vorlesen der Thora in der Mitte und die Anordnung der Sitze entlang der Wand.

Bohatě zdobená klenba
Vysoké synagogy skrývá
nejlépe dochovaný rene-
sanční prostor z období
největšího rozkvětu
pražského Židovského
Města.

The best surviving
Renessaince space from
the heyday of Prague's
Jewish Town is featured
under the richly deco-
rated vaulting of the
High Synagogue.

Das reich verzierte Ge-
wölbe der Hohen Syna-
goge überspannt den
am besten erhaltenen
Renaissanceraum aus
der Zeit der höchsten
Blüte der Prager Juden-
stadt.

Vnitřní prostor Vysoké synagogy zůstal nejlépe dochovaným interiérem ze všech renesančních synagog Židovského Města. Synagoga byla částečně poškozena požárem v roce 1689. Při její opravě byla v roce 1691 při východní stěně zbudována nová kamenná raně barokní schránka na Tóru se sdruženými sloupky po stranách, symbolem koruny Tóry a nápisovou kartuší v tympanonu. Při restauraci svatostánku byla odkryta jeho pestrá původní polychromie, napodobující červenohnědý mramor a zelené listoví. Koncem 17. století byla také na jižní straně synagogy přistavěna ženská galerie s odděleným schodištěm. Velký vyřezávaný a zlacený lustr se stal součástí výzdoby hlavního sálu synagogy teprve v 18. století.

The interior of the High Synagogue has remained the best preserved of all Renaissance synagogues in the Jewish Town. The synagogue was partially damaged by fire in 1689. During renovation in 1691 a new early Baroque ark made of stone was installed in the east wall, along with side columns, a crown symbolizing the Torah and an inscribed cartouche in the tympanum. Restoration of the ark revealed its multicoloured original polychromy, which imitated red-and-brown marble and green foliage. It was at this time that a women's gallery with a separate staircase was added to the building on the south side. A large carved chandelier became part of the main hall's decoration only in the 18th century.

Der Innenraum der Hohen Synagoge ist von allen Renaissancesynagogen der Judenstadt am besten erhalten geblieben. Während der Instandsetzungen nach dem Brand im Jahre 1689 wurde 1691 an der Ostwand ein neuer steinerner, frühbarocker Thoraschrein mit Doppelsäulen an den Seiten und dem Symbol der Thorakrone und einer Inschriftkartusche im Tympanon errichtet. Bei der Restaurierung des Schreins wurde seine ursprüngliche Vielfarbigkeit freigelegt, die rotbraunen Marmor und grünes Blattwerk nachahmt. Am Ende des 17. Jhs. wurde auch an der Südseite der Synagoge eine Frauenempore mit gesonderter Treppe angebaut. Der große geschnitzte und vergoldete Kronleuchter gehört erst seit dem 18. Jh. zur Austattung des Hauptsaals.

Centrální prostor Vysoké synagogy je zaklenut vysokou renesanční klenbou s koutovými lunetami a bohatou štukovou výzdobou. Pole mezi lunetami jsou zdobena velkými štukovými rozetami a střed klenby zaujímá osmicípé zrcadlo, jehož rámec je lemován perlovcem.

The central space of the High Synagogue is spanned by a high Renaissance vault with corner lunettes and rich stucco decoration. The area between the lunettes is adorned with large stucco rosettes and the centre of the vault features an eight-pointed mirror whose frame is decorated with mother-of-pearl.

Der Zentralraum der Hohe Synagoge ist mit einem hohen Renaissancegewölbe versehen, das in den Ecken Stichkappen aufweist und reich mit Stuck verziert ist. Die Felder zwischen den Stichkappen tragen große Stuckrosetten, die Gewölbemitte nimmt ein großer achtstrahliger Putzspiegel ein, dessen Rahmen mit Perlstabprofilen gesäumt ist.

◁ *Synagoga má téměř čtvercový půdorys s pódiem pro předčítání Tóry uprostřed sálu. Dnes synagoga opět slouží bohoslužbám pražské židovské obce.*

◁ *The synagogue is almost square in plan with a podium for reading the Torah in the centre of the hall. Today the synagogue is once again used for the services of the Jewish community of Prague.*

◁ *Die Synagoge hat einen fast quadratischen Grundriß mit dem Podium zum Vorlesen der Thora in der Mitte des Saals. Heute wird die Synagoge von der Prager Judengemeinde wieder für Gottesdienste genutzt.*

▷ *Kamenný a polychromovaný svatostánek z roku 1691 nese v kartuši nástavce biblický citát: „Tóru nám přikázal Moše, odkaz obce Jákobovy" (Deut. 33,4). Pozdější kaporet je zdobena tradičními symboly Jeruzalémského chrámu.*

▷ *The stone and polychrome ark from 1691 features an inscribed cartouche: "When Moses charged us with the Teaching as the heritage of the congregation of Jacob." (Deut. 33:4). The later kapporet is adorned with traditional symbols of the Temple of Jerusalem.*

▷ *Der steinerne, polychromisierte Thoraschrein aus dem Jahre 1691 trägt in der Kartusche des Aufsatzes das Bibelzitat „Mose hat uns die Thora geboten, das Erbe der Gemeinde Jakobs" (Deut. 33,4). Der jüngere Kaporet ist mit den traditionellen Symbolen des Tempels von Jerusalem geschmückt.*

Při přestavbě budovy architektem J. M. Wertmüllerem byl roku 1883 zazděn přístup do synagogy z radnice, vestavěno nové vnitřní schodiště a hlavní sál vybaven novým zařízením. Během asanace Josefova byla Vysoká synagoga roku 1907 začleněna do bloku nové zástavby. Tehdy byly zazděny vstupy z východního průčelí a později proražen vchod z ulice proti Staronové synagoze. Při restauraci interiéru v roce 1961 byly v hlavním sále zjištěny zbytky původní červenohnědé polychromie štukové výzdoby klenby, napodobující italskou terakotu. Další obnova interiéru byla provedena v letech 1974-79 a roku 1982 byl poprvé ze staletých přemaleb odkryt původní vzhled schránky na Tóru.

Za války bylo původní zařízení synagogy zničeno, později Vysoká synagoga sloužila jako výstavní prostor Židovského muzea. V roce 1994 byla synagoga vrácena pražské židovské obci, v roce 1995 byla rekonstruována a znovu zařízena jako modlitebna. Od té doby slouží jako každodenní modlitebna rabinátu a zaměstnanců pražské židovské obce, konají se zde svatby a shromáždění při slavnostních příležitostech. V přilehlé budově byla obnovena ženská galerie, v druhém patře tradiční studovna - *midraša* a v podkroví *suka*, užívaná při oslavě podzimního Svátku stánků.

During the reconstruction carried out in 1883 by architect J. M. Wertmüller, the entrance to the synagogue from the town hall was walled up, a new inside staircase was added and the main hall was provided with new furnishings. In connection with the renewal of Josefov, the High Synagogue was incorporated into a block of new houses in 1907. Both entrance doors on the east facade were walled up at this time and an entrance was subsequently made from the street opposite the Old-New Synagogue. The restoration of the interior in 1961 led to the discovery in the main hall of the remainder of the original red-and-brown polychrome decoration on the vaulting (imitation Italian terracotta). Another restoration of the interior was carried out in 1974-79 and the original appearance of the ark was discovered in 1982 after centuries of repainting.

The synagogue furnishings were destroyed during the war, and the building was later used as an exhibition space for the Jewish Museum. In 1994 the High Synagogue was returned to the Jewish community of Prague, and in 1995 was again refurbished as a house of worship. Since then it has been used as a daily house of prayer by the Rabbinate and the representatives of the Jewish community of Prague and as a venue for weddings and ceremonial gatherings. The women's gallery, second-floor traditional study *(midrashah)* and attic *sukkah* (used during celebrations of the autumn Feast of Tabernacles) have been restored in the adjacent building.

Beim Umbau durch den Architekten J.M. Wertmüller im Jahre 1883 wurde der Zugang zur Synagoge vom Rathaus aus zugemauertt, eine neue Innentreppe angelegt und der Hauptsaal neu eingerichtet. Während der Assanierung der Judenstadt wurde die Hohe Synagoge 1907 in den Gebäudeblock der neuen Bebauung eingefügt. Damals wurden die Eingänge an der Ostfassade zugemauert und später der Eingang von der Straße gegenüber der Altneusynagoge durchbrochen. Bei der Restaurierung des Interieurs im Jahre 1961 wurden im Hauptsaal Reste der ursprünglichen rotbraunen Polychromie der Stuckdekoration des Gewölbes festgestellt, die italienische Terrakotta nachahmt. Eine weitere Erneuerung des Interieurs wurde in den Jahren 1974-79 durchgeführt, und 1982 wurde erstmals durch Entfernen der jahrhundertealten Übermalung das ursprüngliche Aussehen des Thoraschreins freigelegt.

Während des Kriegs wurde die ursprüngliche Einrichtung der Hohen Synagoge zerstört, später diente sie als Ausstellungsraum des Jüdischen Museums. Im Jahre 1994 wurde sie der Prager jüdischen Gemeinde zurückgegeben, 1995 rekonstruiert und wieder als Bethaus eingerichtet. Seitdem wird sie als Alltagsbethaus des Rabbinats und der Angestellten der Prager jüdischen Gemeinde genutzt, hier finden Trauungen und zu festlichen Anlässen auch Versammlungen statt. Im Nachbargebäude wurde die Frauenempore erneuert, im zweiten Geschoß die traditionelle Studierstube - *die Midrascha* - und im Dachgeschoß *die Sukka*, die zur Feier des herbstlichen Laubhüttenfests genutzt wurde.

◁ *Prostor ženské galerie byl přistavěn při jižní straně budovy koncem 17. století.*

◁ *The women's gallery was built on the south side of the building in the late 17th century.*

◁ *Der Raum mit der Frauengalerie wurde am Ende des 17. Jahrhunderts an der Südseite des Gebäudes angebaut.*

Maiselova synagoga

Teprve na sklonku svého života roku 1590 zakoupil primas Mordechaj Maisel, který se až dosud věnoval veřejným stavbám, pozemek na jižním okraji ghetta pro stavbu své vlastní synagogy. Roku 1591 získal od císaře Rudolfa II. zvláštní privilegium ke stavbě a o rok později již byla synagoga na svátek Radosti z Tóry *(Simchat Tora)* zasvěcena. Plány pro synagogu vypracoval stavitel Juda Coref de Herz a stavbu vedl Josef Wahl.

Maiselův současník, historik David Gans, ve své kronice vypráví, že stavba byla neobyčejně výstavná a zbudovaná na dvaceti pilířích. Stavba udivovala současníky rozlehlostí prostoru hlavní lodi, která svými rozměry zdaleka předčila ostatní synagogy ghetta. Po stranách budovy byly přistavěny postranní lodě, sloužící jako předsíň synagogy a prostory pro ženy, původně ještě bez patrových galerií.

The Maisel Synagogue

It was towards the end of his life in 1590 that Mayor Mordechai Maisel, who had previously dedicated himself to public buildings, bought a piece of land at the south end of the Ghetto to build his own synagogue. In 1591 he was granted a special permit by the Emperor Rudolph II to do so, and a year later the synagogue was dedicated on the festival of *Simhat Torah* (Rejoicing of the Torah). The synagogue was designed by architect Juda Tzoref de Herz and built under the supervision of Josef Wahl.

A contemporary of Maisel, the historian David Gans, wrote in his chronicle that the building was an unusually imposing construction built on twenty pillars. The building was admired by contemporaries for the size of its main nave, which was far bigger than those of the other ghetto synagogues. Aisles were added along the sides, serving as a vestibule and an area for women, originally without upper-floor galleries.

Die Maiselsynagoge

Erst 1590, gegen Ende seines Lebens, kaufte der Primas Mordechai Maisel, der sich bis dahin öffentlichen Bauvorhaben gewidmet hatte, am Südrand des Ghettos ein Grundstück, um hier eine eigene Synagoge zu errichten. Im Jahre 1591 erhielt er von Kaiser Rudolf II. das Sonderrecht für den Bau, und schon ein Jahr später wurde die Synagoge zum Thora-Freudenfest *(Simchat Tora)* geweiht. Projektant war Baumeister Juda Tzoref de Herz, Bauleiter Josef Wahl.

Maisels Zeitgenosse, der Historiker David Gans, berichtet in seiner Chronik, daß das Bauwerk überaus prächtig war und auf zwanzig Pfeilern ruhte. Es versetzte die Zeitgenossen mit der Geräumigkeit des Hauptschiffs in Erstaunen, das mit seinen Ausmaßen alle übrigen Synagogen des Ghettos übertraf. Das Gebäude erhielt Seitenschiffe, die als Vorhalle und als Frauenräume genutzt wurden, jedoch noch keine Emporen besaßen.

◁ *Západní průčelí Maiselovy synagogy bylo upraveno v novogotickém slohu v době přestavby Židovského Města kolem roku 1900.*

◁ *The west facade of the Maisel Synagogue was rendered in a Neo-Gothic style at the time of the clearance of the Jewish Town around 1900.*

◁ *Während der Assanierung der Judenstadt wurde die Westfassade der Maiselsynagoge um 1900 im neugotischen Stil umgebaut.*

Synagoga byla vybavena bohatým pokladem synagogálních textilií, pláštíků na Tóru a opon, věnovaných samotným stavebníkem a jeho ženou. Byla zde také chována korouhev, kterou si Maisel nechal zhotovit na základě privilegia Rudolfa II. roku 1592 podle praporce pražské židovské obce ze Staronové synagogy. Synagoga Mordechaje Maisela se tak stala největší a nejokázalejší stavbou Židovského Města téměř na celé století.

Maiselova synagoga vyhořela při požáru ghetta roku 1689 údajně do základů. Došlo patrně k propadnutí klenby a zůstalo zachováno pouze zdivo pilířů a obvodových zdí. Vzhledem k nutnosti urychlené obnovy stavby byla do roku 1691 opravena jen východní část budovy. Soudě podle původního počtu dvaceti pilířů, z nichž je dnes zachováno pouze čtrnáct, byla synagoga zkrácena asi o třetinu. Na starém půdorysu byla nově vybudována hlavní loď, sklenutá valenou klenbou, a postranní ženské lodě, tentokrát již s patrovými galeriemi po obou stranách synagogy.

The synagogue was equipped with a wealth of textile articles, Torah mantles and curtains, that had been donated by Maisel and his wife. It also contained a banner that Maisel made under the royal privilege in 1592 on the model of the community banner preserved in the Old-New Synagogue. For almost a whole century, Mordechai Maisel's synagogue was the largest and most lavish building of the Jewish Town.

The Maisel Synagogue was reportedly burnt down in the ghetto fire of 1689. Evidently, the vault caved in and only the pillars and outside walls the outside walls survived. Only the east section of the building was repaired by 1691. Judging from the original number of twenty pillars, of which only fourteen have survived to this day, the structure was reduced by about one third of its original length. The new nave was built over the old layout, which was spanned by a barrel vault, together with side aisles and upper-floor galleries.

Die Synagoge wurde mit einem reichen Schatz an synagogalen Textilien, Thoramänteln und Vorhängen ausgestattet, die der Bauherr und seine Frau selbst gestiftet hatten. Hier wurde auch die Fahne aufbewahrt, die sich Maisel auf Grundlage eines Privilegs von Rudolf II. 1592 nach dem Vorbild der Fahne, die die Prager Judengemeinde in der Altneusynagoge besaß, anfertigen lassen hatte. Die Synagoge Mordechai Maisels wurde so für fast ein Jahrhundert die größte und schönste Synagoge der Judenstadt.

Der Ghettobrand von 1689 vernichtete die Synagoge angeblich bis auf die Grundmauern. Offenbar stürzten die Gewölbe ein und es blieb nur das Mauerwerk der Pfeiler und der Umfassungswände erhalten. Bis 1691 wurde nur der östliche Teil des Gebäudes instandgesetzt. Nach der ursprünglichen Zahl von 20 Pfeilern, von denen heute nur 14 erhalten sind, können wir urteilen, daß die Synagoge um ein Drittel ihrer ursprünglichen Länge gekürzt wurde. Auf dem alten Grundriß entstanden ein neues Hauptschiff mit einem Tonnengewölbe und Seitenschiffe für die Frauen, die diesmal Emporen erhielten.

◁ *Také interiér Maiselovy synagogy byl upraven na počátku 20. století v novogotickém slohu. Galerie byla opatřena novým parapetem a okna barevnými vitrážemi.*

◁ *The interior of the Maisel Synagogue was also rendered in a Neo-Gothic style in the early 20th century. The gallery was fitted with a new parapet, the windows with stained glass.*

◁ *Auch der Innenraum der Maiselsynagoge wurde am Anfang des 20. Jahrhunderts im neugotischen Stil umgestaltet. Die Empore erhielt eine neue Brüstung, die Fenster wurden mit farbigen Glasvitragen versehen.*

Maiselova synagoga byla znovu přestavěna v 19. století. Nejprve stavbu obnovil v letech 1862–64 architekt J. M. Wertmüller, později byla upravena v souvislosti s asanační přestavbou Josefova v letech 1895 až 1905 v novogotickém stylu podle návrhu architekta Alfreda Grotteho. Při přestavbě byla klenba opatřena štukovým žebrovím, v západní části byla vestavěna široká empora, v přízemí i na galeriích byla osazena nová třídílná okna s barevnými vitrážemi a celé zařízení včetně svatostánku provedeno ve formách stylizovaného gotického tvarosloví. V souvislosti se změnou uliční sítě došlo také k přenesení hlavního vchodu z východního na západní průčelí, před nímž byl zbudován rozlehlý vestibul.

The Maisel Synagogue was rebuilt in the 19th century, initially in 1862–64 by architect J. M. Wertmüller and later, in connection with the clearance of the Jewish Town between 1895 and 1905, in a Neo-Gothic style based on a design by Alfred Grotte. The vaulting was provided with stucco ribs, the west section with a wide built-in gallery, the ground floor and the galleries with new tripartite stained glass windows. Furnishings, including the ark, were given the modern attributes of the Gothic style. In connection with changes to the street layout, the main entrance was moved from the east to the west facade, in front of which was built a large vestibule.

Die Maiselsynagoge wurde im 19. Jh. erneut umgebaut, zuerst in den Jahren 1862–64 durch den Architekten J. M. Wertmüller und später dann im Zusammenhang mit der Assanierung der Judenstadt in den Jahren 1895–1905 im neugotischen Stil nach einem Entwurf des Architekten Alfred Grotte. Das Gewölbe erhielt bei diesem Umbau Stuckrippen, im westlichen Teil wurde eine breite Empore errichtet, des weiteren wurden neue dreiteilige Fenster mit farbiger Verglasung eingebaut und die gesamte Ausstattung einschließlich des Thoraschreins in stilisierten gotischen Formen ausgeführt. In Verbindung mit den Änderungen des Straßennetzes wurde auch der Haupteingang von der Ost- an die Westfassade verlegt, vor der ein geräumiges Vestibül entstand.

Mramorová deska na paměť zbudování synagogy Mordechajem Maiselem v letech 1590 až 1592.

Marble tablet commemorating the construction of the synagogue by Mordechai Maisel in 1590–1592.

Marmorplatte zum Gedenken an Mordechei Maisel, der die Synagoge in den Jahren 1590–1592 erbauen ließ.

◁ *Tympanon svatostánku v Maiselově synagoze je zdobený plaménkovými kružbami, gotickými fiálami a deskami Desatera.*

◁ *The tympanum of the ark in the Maisel Synagogue is decorated with flamboyant traceries, pinnacles and tablets of the Decalogue.*

◁ *Der Aufsatz des Thoraschreins in der Maiselsynagoge ist mit Flamboyantmaßwerk, gotischen Fialen und den Gebotstafeln geschmückt.*

▷ *Východní stěna Maiselovy synagogy se svatostánkem, vyzdobeném v novogotickém slohu po roce 1895. Po obou stranách jsou vystaveny nejstarší pražské synagogální opony z konce 16. století.*

▷ *East wall of the Maisel Synagogue with the ark, decorated in a Neo-Gothic style after 1895. The oldest of Prague's synagogal curtains dating from the late 16th century are featured on both sides.*

▷ *Die Ostwand der Maiselsynagoge mit dem Thoraschrein, der nach 1895 im neugotischen Stil verziert wurde. An beiden Seiten sind die ältesten Prager synagogalen Vorhänge vom Ende des 16. Jahrhunderts ausgestellt.*

V Maiselově synagoze je dnes instalována stálá expozice, věnovaná nejstarším dějinám Židů v Praze a českých zemích.

The Maisel Synagogue now houses a permanent exhibition devoted to the earliest history of the Jews in the Czech Lands.

In der Meiselsynagoge ist heute eine Dauerausstellung installiert, die der ältesten Geschichte der Juden Prags und der böhmischen Länder gewidmet ist.

Za nacistické okupace sloužila synagoga jako skladiště konfiskovaného židovského majetku. V roce 1955 byla synagoga předána do správy Židovského muzea a byl zde zřízen depozitář jeho sbírek. V letech 1963-64 provedena rekonstrukce vnitřních omítek a v roce 1965 zde byla otevřena stálá expozice synagogálního stříbra z českých a moravských synagog. Tato expozice byla přístupna až do roku 1988, kdy byla synagoga uzavřena. V letech 1994-95 byla provedena celková rekonstrukce synagogy a v roce 1996 zde byla otevřena stálá expozice, věnované historii Židů v českých zemích od nejstarších dob až do osvícenství.

During the Nazi occupation the synagogue was used as a storehouse for confiscated Jewish property. In 1955 the synagogue was turned over to the Jewish Museum, which established a depository for its collections. In 1963-64 the interior plaster was restored and in 1965 a permanent exhibition of synagogal silver from Bohemian and Moravian synagogues opened here. This exhibition ran until 1988, when the synagogue was closed. The building was completely reconstructed in 1994-95, and 1996 saw the opening of a permanent exhibition devoted to the history of the Jews in the Czech Lands from the earliest settlements to the period of emancipation.

Während der nazistischen Okkupation lagerte in der Maiselsynagoge konfisziertes jüdisches Eigentum. Im Jahre 1955 wurde das Gebäude der Verwaltung des Jüdischen Museums unterstellt, das es als Depositorium seiner Sammlungen nutzte. In den Jahren 1963-64 fand eine Rekonstruktion der Innenputzschichten statt und 1965 wurde hier die Dauerausstellung von Silbergeräten aus böhmischen und mährischen Synagogen eröffnet, die bis 1988 zugänglich war. Dann wurde die Synagoge geschlossen und schließlich 1994-95 umfassend rekonstruiert. Im Jahre 1996 wurde hier eine ständige Exposition eröffnet, die der Geschicht der Juden in den böhmischen Ländern von der ältesten Zeit bis zur Aufklärung gewidmet ist.

Tympanon vstupního portálu Maiselovy synagogy z roku 1895 s motivy vinné révy a nápisem: „Požehnán budiž, kdo sem přichází ve jménu Páně" (Žalm 118,26).

Tympanum of the front portal of the Maisel Synagogue from 1895 with grapevine motifs and the inscription: "Let who enters be blessed in the name of the Lord" (Psalm 118:26).

Das Tympanon des Eingangsportals zur Maiselsynagoge aus dem Jahr 1895 mit Weinrebenmotiv und der Inschrift: "Gesegnet sei, wer hier im Namen des Herrn eintritt" (Psalm 118,26).

Barokní synagogy

Stavební ruch v Židovském Městě neutichl ani na počátku 17. století. V letech 1622 až 1623 došlo k dosud největšímu rozšíření ghetta o domy, které byly židovské obci prodány ze zkonfiskovaného majetku účastníků protihabsburského odboje. Ghetto se tak výrazně rozšířilo zejména na svém severním a východním okraji. Zde byly vystavěny Cikánova synagoga a Velkodvorská synagoga, kterou založil roku 1627 nový primas Židovského Města Jakob Baševi z Treuenburku (1580–1634).

Prudký požár, který postihl Židovské Město 21. června 1689, vážně poškodil většinu jeho synagog a vyhořelo při něm všech 318 obytných domů ghetta. Synagoga rodiny Wechslerů byla po požáru obnovena roku 1703 jako soukromá synagoga rodiny Duschenesů. Znovu vyhořela roku 1754 a byla nově zbudována nákladem Davida Kuha jako Nová synagoga. Cikánova synagoga byla po požáru znovu vystavěna roku 1701 v poněkud zvětšeném měřítku Isacharem Bunzlem. Velkodvorská synagoga byla obnovena teprve roku 1708. Přes vleklá jednání, usilující o omezení počtu synagog na šest staveb, bylo na počátku 18. století v Židovském Městě opět v činnosti devět veřejných kamenných synagog. Nová, Cikánova i Velkodvorská synagoga byly zbořeny za asanační přestavby Josefova v letech 1898 a 1906.

◁ *Klausová synagoga byla pro nedostatek místa zbudována na okraji Starého židovského hřbitova (pohled na východní průčelí).*

Baroque Synagogues

Construction did not cease in the Jewish Town at the beginning of the 17th century. The years 1622 and 1623 saw the largest expansion to date of the ghetto, as houses were sold to the Jewish community from the confiscated property of people involved in anti-Hapsburg resistance. Expansion was most noticeable in the northern and eastern borders of the ghetto. This was the site for the construction of the Zigeuner and Great Court synagogues, the latter being established in 1627 by the new mayor of the Jewish Town, Jakob Bashevi of Treuenburg (1580–1634).

A fierce fire which afflicted the Jewish Town on 21 June 1689 caused major damage to most of the synagogues and all of the 318 residential houses of the ghetto were burnt out. The synagogue of the Wechsler family was renovated in 1703 as a private synagogue for the Duschenes family. It was again burnt out in 1754 and rebuilt at the expense of David Kuh as the New Synagogue. The Zigeuner Synagogue was rebuilt in 1701 to a somewhat larger scale by Issachar Bunzl, while the Great Court Synagogue was not renovated until 1708. Despite lengthy negotiations concerning attempts to reduce the amount of synagogues damaged by the fire of 1689 to six, by the early 18th century there were once again a total of nine stone synagogues in operation in the Jewish Town. The New, Zigeuner and Great Court synagogues were demolished during the clearance of the Jewish ghetto in 1898 and 1906.

◁ *Due to a lack of space, the Klausen Synagogue was built at the edge of the Old Jewish Cemetery (view showing the east facade).*

Barocke Synagogen

Die Bautätigkeit in der Judenstadt verstummte auch am Anfang des 17. Jhs. nicht. In den Jahren 1622 und 1623 kam es zu der bis dahin größten Erweiterung des Ghettos mit den Häusern, die zum konfiszierten Eigentum der am Widerstandskampf gegen Habsburg Beteiligten gehörten und der jüdischen Gemeinde verkauft wurden. Dadurch weitete sich das Ghetto vor allem an seinem Nord- und Ostrand aus. Hier wurden die Zigeuner- und Großenhof-Synagoge errichtet, die 1627 der neue Primas der Judenstadt Jakob Baschewi von Treuenburg (1580–1634) gründete.

Die heftige Feuersbrunst, die am 21. Juni 1689 die Judenstadt heimsuchte, beschädigte die meisten Synagogen ernsthaft. Alle 318 Wohnhäuser des Ghettos brannten aus. Nach dem Brand wurde die Synagoge der Familie Wechsler 1703 als Privatsynagoge der Familie Duschenes erneuert. Im Jahre 1754 brannte sie wieder aus und wurde dann auf Kosten von David Kuh als Neue Synagoge instandgesetzt. Die Zigeunersynagoge wurde nach dem Brand im Jahre 1701 in etwas vergrößertem Maßstab von Isachar Bunzel wiedererrichtet. Die Großenhof-Synagoge wurde erst 1708 erneuert. Trotz langwieriger Verhandlungen um die Begrenzung der Zahl der 1689 vom Feuer beschädigten Synagogen auf sechs, waren am Anfang des 18. Jhs. in der Judenstadt wieder neun öffentliche steinerne Synagogen in Betrieb. Die Neue, die Zigeuner- und die Großenhof-Synagoge wurden im Zuge der Assanierung der Judenstadt in den Jahren 1898 und 1906 abgerissen.

◁ *Die Klausensynagoge wurde, da es an Platz mangelte, am Rand des Alten jüdischen Friedhofs errichtet (Ansicht der Ostfassade).*

Klausová synagoga

Také Klausová synagoga sahá svými počátky do zlatého věku renesančního ghetta. Termínem „klausy" byly původně označována stavby, které dal na okraji Starého židovského hřbitova zbudovat Mordechaj Maisel. V jedné z klaus byla zřízena synagoga, v druhé byla proslulá vysoká talmudická škola *(ješiva)* rabiho Löwa. Podle některých svědectví není vyloučeno, že se jednalo o dvoupatrovou budovu, v níž byly jednotlivé klausy umístěny v patrech nad sebou.

Podobně jako ostatní synagogy Židovského Města byly i „klausy" zničeny požárem z 21. června 1689. Nová Klausová synagoga byla zbudována zásluhou představeného bývalé synagogy Šaloma Kohena na místě dřívější synagogy a dokončena již roku 1694. Základní dispozici Klausové synagogy tvoří podélný síňový prostor sklenutý valenou klenbou, prostoupenou čtyřmi páry lunet. Těm odpovídají dvě řady půlkruhovitě zaklenutých oken v jižní stěně budovy, obrácené ke Starému hřbitovu. Stěny jsou členěny pilastry nesoucími zalamované kladí, nad nímž probíhá silně vystupující kordonová římsa. V patrové přístavbě na severní podélné straně budovy byla zřízena galerie pro ženy.

The Klausen Synagogue

The origin of the Klausen Synagogue also goes back to the Golden Age of the Renaissance ghetto. "Klausen" was originally the name given to a building which Mordechai Maisel had built at the edge of the Old Jewish Cemetery. This had housed a synagogue and the celebrated Talmudic school *(yeshivah)* of Rabbi Loew. According to certain sources, it may have been a two-storey building in which were housed the individual "klausen" in floors above each other.

As with other synagogues in the Jewish Town, the "klausen" were also destroyed by the fire of 21 June 1689. The new Klausen Synagogue was built thanks to the rabbi of the former synagogue, Shalom Kohen on the site of the earlier "klausen" and completed in 1694. The basic layout of the Klausen Synagogue comprises a longitudinal hall spanned by a barrel vault framing four pairs of lunettes. The latter correspond with two rows of semicircular arched windows set in the south wall facing the Old Jewish Cemetery. The walls are divided by pilasters supporting an entablature surmounted by a heavily projecting string course. A women's gallery was built on the upper-floor extension in the south end of the building.

Die Klausensynagoge

Auch die Klausensynagoge reicht mit ihren Anfängen in die Renaissancezeit des Ghettos zurück. Als „Klausen" wurden ursprünglich Gebäude bezeichnet, die Mordechai Maisel am Rande des Alten jüdischen Friedhofs errichten ließ. In der einen Klause befand sich eine Synagoge, in der anderen die berühmte Hohe Talmudschule *(Jeschiwa)* des Rabbi Löw. Es ist nicht ausgeschlossen, daß es sich um ein zweistöckiges Gebäude handelte, in dem die Klausen übereinander lagen.

So wie die übrigen Synagogen der Judenstadt, wurden am 21. Juni 1689 auch die „Klausen" vom Feuer vernichtet. Die neue Klausensynagoge wurde durch das Verdienst Shalom Kohens, des Vorstands der alten Synagoge, am ursprünglichen Standort gebaut und war schon 1694 fertiggestellt. Die Grunddisposition der Klausensynagoge wird von einem länglichen Saalraum gebildet, der mit einem Tonnengewölbe versehen ist, in das vier Stichkappenpaare einschneiden. Diesen entsprechen an der dem Alten Friedhof zugewandten Südseite zwei Reihen halbrund abschließender Fenster. Die Wände sind mit Pilastern gegliedert, die ein gekröpftes Gebälk tragen, über dem ein kräftig auskragendes Kordongesims verläuft. Im eingeschossigen Anbau an der nördlichen Längsseite des Gebäudes wurde eine Frauenempore angelegt.

◁ *Klausová synagoga bývala druhou hlavní synagogou pražské židovské obce a sloužila také jako synagoga pražského pohřebního bratrstva. Byla zbudována v roce 1694 na místě bývalé talmudické školy rabi Löwa.*

◁ *The Klausen Synagogue used to be the second main synagogue of the Jewish community of Prague and also served as the synagogue of the Prague Burial Society. It was built in 1694 on the site of the former Talmudic school of Rabbi Loew.*

◁ *Die Klausensynagoge war die zweite Hauptsynagoge der Prager Judengemeinde und zugleich die Synagoge der Prager Begräbnisbruderschaft. Sie wurde 1694 an Stelle der ehemaligen Talmudschule des Rabbi Löw errichtet.*

Široká valená klenba Klausové synagogy je zdobena bohatou raně barokní štukovou výzdobou s motivy akantového listoví, ovocných festonů a mašlí.

The wide barrel vault of the Klausen Synagogue is adorned with rich early Baroque stucco decoration comprising acanthus, fruit feston and ribbon motifs.

Das breite Tonnengewölbe der Klausensynagoge ist reich mit frühbarockem Stuckdekor versehen, das aus Akanthusblättern, Fruchtgirlanden und Bändern besteht.

Rozlehlý prostor dosud největší synagogy ghetta dotváří původní třístupňová schránka na svitky Tóry, zbudovaná na náklad Samuela Oppenheima roku 1696. Z vyobrazení z poloviny minulého století je patrné, že i zde stávala velká obdélná bima uprostřed sálu a sedadla byla rozmístěna po obvodu hlavní lodi. Synagoga bývala druhou hlavní modlitebnou pražské židovské obce a sloužila také jako synagoga a volební místnost pražského pohřebního bratrstva. Jako rabíni zde působili významní představitelé pražské židovské obce rabín Eliezer Fleckeles, Samuel Kauder, Efraim Teweles nebo Baruch Jeiteles a mnozí další. Klausová synagoga je dnes jediná stavba, která poskytuje představu o vzhledu ostatních raně barokních synagog Židovského Města, jako byla Cikánova, Velkodvorská nebo Nová synagoga.

Při obnově synagogy architektem Bedřichem Münzbergerem v letech 1883–84 byla synagoga prodloužena v západní části o jedno klenební pole a vestavěna sem široká empora jako další prostor galerie pro ženy. Klenba byla sjednocena doplněnou štukovou výzdobou a okna zasklena barevnými vitrážemi. Z této doby pochází rovněž dnešní úprava vnějších fasád budovy. Za druhé světové války bylo vnitřní zařízení synagogy zničeno a synagoga sloužila jako sklad a expozice kultovních předmětů válečného Židovského ústředního muzea.

The vast room of what was once the ghetto's largest synagogue is complemented by a three-tiered ark, which was built at the expense of Samuel Oppenheim in 1696. A picture dating from the mid-19th century shows that a large square bimah was located in the centre of the hall and that pews were arranged along the perimeter walls of the main nave. The synagogue became the second main house of prayer for the Jewish community of Prague and was also used as an election room by the Prague Burial Society. Rabbis who were active here included such prominent representatives of the Jewish community of Prague as Eliezer Fleckeles, Samuel Kauder, Efraim Teweles and Baruch Jeiteles. The Klausen Synagogue is now the only building which gives an idea as to the appearance of other early Baroque synagogues of the Jewish Town, such as the Zigeuner, Great Court and New synagogues.

In the course of its reconstruction by architect Bedřich Münzberger in 1883–84, the building was extended in the west section by the addition of a vaulted bay, and a wide tribune was installed as another gallery area for women. The vault was unified by additional stucco decorations and the windows were glazed with stained glass. The finish of the facade also dates from that period. During the Second World War the furnishings were destroyed and the synagogue was used as a storehouse and exhibition space for ritual objects of the war-time Central Jewish Museum.

Den weitläufigen Raum der bisher größten Synagoge des Ghettos vervollständigt ein ursprünglich dreistufiger Thoraschrein, der 1696 auf Kosten Samuel Oppenheims errichtet wurde. Aus Abbildungen von der Mitte des 19. Jhs. geht hervor, daß auch hier eine große längliche Bima mitten im Raum stand und die Sitze an den Umfassungswänden des Hauptschiffs angeordnet waren. Diese Synagoge war das zweite Hauptbethaus der Prager Judengemeinde und diente auch als Synagoge und Wahllokal der Prager Begräbnisbruderschaft. Als Rabbiner wirkten hier die bedeutenden Vorstände der Prager Judengemeinde Eliezer Fleckeles, Samuel Kauder, Efraim Teweles oder Baruch Jeiteles und viele andere. Die Klausensynagoge ist heute das einzige Bauwerk, das eine Vorstellung von den übrigen frühbarocken Synagogen der Judenstadt, wie es die Zigeuner-, Großenhof- oder Neue Synagoge waren, vermittelt.

Bei der Erneuerung der Synagoge durch den Architekten B. Münzberger in den Jahren 1883–84 wurde sie im Westen um ein Joch verlängert. Hier wurde als weiterer Raum für die Frauen eine breite Empore eingebaut. Das Gewölbe wurde durch die Ergänzung der Stuckdekoration vereinheitlicht und die Fenster erhielten farbige Verglasung. Aus dieser Zeit stammt auch die heutige Fassadengestaltung. Während des 2. Weltkriegs wurde die Inneneinrichtung der Synagoge zerstört und das Objekt als Lager und Exposition von Kultgegenständen des Jüdischen Zentralmuseums genutzt.

Okna na galerii Klausové synagogy jsou zasklena vitrážemi s motivy šesticípé hvězdy z konce 19. století.

The gallery windows of the Klausen Synagogue are stained glass with Star of David motifs from the late 19th century.

Die Verglasung der Fenster auf der Empore der Klausensynagoge vom Ende des 19. Jahrhunderts zeigt Motive mit dem sechszackigen Stern.

Svatostánek (aron ha-kodeš) *Klauso-*
vé synagogy byl postaven ze dřeva
a umělého mramoru v roce 1696 na
náklady Samuela Oppenheima
z Vídně. Vedle nápisových kartuší
a dedikace nese na vrcholu desky
Desatera jako symbol Tóry.

The ark (aron ha-kodesh) *of the*
Klausen Synagogue was built of
wood and artificial marble in 1696
at the expense of Samuel
Oppenheim from Vienna. It features
inscribed cartouches, a dedication
and, on top, tablets of the Decalogue
symbolizing the Torah.

Der Thoraschrein (Aron ha-Kodesch)
der Klausensynagoge wurde im Jah-
re 1696 auf Kosten von Samuel
Oppenheim aus Wien aus Holz und
künstlichem Marmor angefertigt.
Neben der Inschriftskartusche und
der Dedikation trägt er auf der Spit-
ze als Thorasymbol die Gebotsta-
feln.

Interiér Klausové synagogy – pohled k západu. Dnes je v Klausové synagoze expozice židovských náboženských zvyků a tradic.

Interior of the Klausen Synagogue – view towards the west. The Klausen Synagogue now houses an exhibition of Jewish festivals, customs and traditions.

Interieur der Klausensynagoge – Blick nach Westen. Heute befindet sich in der Klausensynagoge eine Ausstellung, die den jüdischen religiösen Bräuchen und Traditionen gewidmet ist.

V červnu 1946 byla v Klausové synagoze zpřístupněna stálá expozice Židovského muzea, věnovaná židovským svátkům a zvykům. Interiér synagogy byl restaurován v roce 1960 a znovu v letech 1979-81, restaurace barokní schránky na Tóru byla poprvé provedena v roce 1983. Následujícího roku byla v Klausové synagoze otevřena stálá expozice hebrejských rukopisů a starých tisků. Znovu byla synagoga obnovena v letech 1995-96 a v roce 1997 zde byla zpřístupněna nová expozice židovských svátků, tradic a zvyků.

In June 1946 a permanent exhibition of the Jewish Museum devoted to Jewish customs and traditions opened in the Klausen Synagogue. The interior of the synagogue was restored in 1960 and again in 1979-81; the restoration of the Baroque ark was carried out for the first time in 1983. The following year saw the opening of a permanent exhibition of Hebrew manuscripts and early prints. The synagogue was again renovated in 1995-96 and a new exhibition of Jewish festivals, customs and traditions opened in 1997.

Im Juni 1946 wurde in der Klausensynagoge eine ständige Exposition des Jüdischen Museums zugänglich gemacht, die den jüdischen Feiertagen und Bräuchen gewidmet war. In den Jahren 1960 und 1979-81 wurde das Interieur der Synagoge rekonstruiert. Eine Restaurierung des Thoraschreins erfolgte erstmals im Jahre 1983. Ein Jahr darauf wurde hier die Dauerexposition hebräischer Handschriften und alter Drucke eröffnet. Schließlich wurde die Synagoge in den Jahren 1995-96 erneut renoviert und 1997 hier eine neue Ausstellung jüdischer Feiertage, Traditionen und Bräuche zugänglich gemacht.

◁ *Desatero obsahuje základní etické příkazy judaismu, které předal Hospodin Mojžíšovi na hoře Sinaj. Jako symbol Tóry zdobí obvykle průčelí synagog a svatostánek.*

◁ *The Decalogue contains the basic ethical precepts of Judaism, which were divinely revealed to Moses on Mt. Sinai. As a symbol of the Torah it usually adorns the facades of synagogues and the holy ark.*

◁ *Die Zehn Gebote enhalten die grundlegenden ethischen Gesetze des Judaismus, die Gott auf dem Berg Sinai Moses übergeben hatte. Sie schmücken als Symbol der Thora gewöhnlich die Fassaden von Synagogen und Thoraschreinen.*

▷ *Barokní mramorová pokladnička na milodary v podobě mušle v předsíni Klausové synagogy. Hebrejská písmena jsou zkratkou biblického citátu z knihy Přísloví: „Dar ve skrytu usmiřuje hněv" (Přísloví 21,14).*

▷ *Baroque marble alms box in the shape of a shell in the vestibule of the Klausen Synagogue. The Hebrew letters are an abbreviation of a biblical quotation from the Book of Proverbs: "A gift in secret subdues anger" (Proverbs 21:14).*

▷ *Barocke, muschelförmige Marmorkasse für Spenden im Vorraum der Klausensynagoge. Die hebräischen Buchstaben sind die Abkürzung für das Bibelzitat aus dem Buch der Sprüche: „Eine heimliche Gabe stillt den Zorn" (Sprüche 21,14).*

Synagogy v období emancipace

Synagogues in the Emancipation Period

Die Synagogen in der Zeit der Emanzipation

Za vlády Josefa II. (1780-1790) se začaly vytvářet podmínky pro emancipaci židovského obyvatelstva v českých zemích. Rovnoprávnost Židů s ostatním obyvatelstvem byla uznána teprve první rakouskou ústavou v roce 1848, plná občanská práva a politická rovnoprávnost Židů v Rakousko-Uhersku byla prohlášena až roku 1867.

V Praze bylo výrazem zrovnoprávnění začlenění ghetta roku 1850 do administrativního celku města jako jeho pátá čtvrť - *Josefov*. Příslušníci zámožnějších vrstev využili možnosti volného pohybu a stěhovali se za hranice Židovského Města. Společenské sebevědomí a snaha o reprezentaci vedla k budování nových okázalých staveb. Současně došlo v 60. až 80. letech 19. století k přestavbám a modernizaci vnitřního zařízení většiny starých synagog Židovského Města.

S nově získanou rovnoprávností odcházel stále větší počet židovských obyvatel bývalého ghetta do ostatních čtvrtí Prahy. Na jejích předměstích bylo koncem 19. století činných celkem sedm samostatných židovských obcí, které byly posilovány také rostoucím přistěhovalectvím z venkova. Tyto obce (Libeň, Smíchov, Karlín, Michle, Košíře, Žižkov a Královské Vinohrady) si budovaly v průběhu druhé poloviny 19. století vlastní synagogy v různých historických slozích. Ku Praze byly připojeny většinou až po rozšíření jejího území v roce 1920.

The conditions for the emancipation of the Jewish population in the Czech Lands began to emerge during the reign of Josef II (1780-1790). Jews were granted equal rights with the rest of the population only under the first Austrian constitution in 1848; full civil rights and political equality for the Jews in Austro-Hungary were declared in 1867.

Evidence of this new-found equality was the incorporation in 1850 of the ghetto into the City of Prague as its fifth town - *Josefov*. Wealthy sections of the Jewish population took advantage of the freedom of movement by leaving the Jewish Town. A growing feeling of confidence and a desire for official presentation led to the construction of new ostentatious buildings. The 1880s and 1890s also saw the rebuilding and modernization of the furnishings of the majority of the old synagogues in the Jewish Town.

With the granting of equal rights, an increasingly large number of Jews from the former ghetto were leaving for other areas of Prague. By the end of the 19th century, a total of seven independent Jewish communities were active in the suburbs, which were also strengthened by increasing amounts of people moving out of rural areas. These communities (Libeň, Smíchov, Karlín, Michle, Košíře, Žižkov and Královské Vinohrady) built their own synagogues in various historical styles throughout the second half of the 19th century. Most became part of Prague after the expansion of the city limits in 1920.

Zur Zeit Josefs II. (1780-1790) begannen sich in den böhmischen Ländern Bedigungen für die Emanzipation der jüdischen Bevölkerung herauszubilden. Die Gleichberechtigung mit der übrigen Bevölkerung wurde den Juden jedoch erst durch die erste österreichische Verfassung im Jahre 1848 zuerkannt, ihr vollgültiges Bürgerrecht und ihre politische Gleichstellung in Österreich-Ungarn wurden dann im Jahre 1867 verkündet.

In Prag äußerte sich diese Gleichberechtigung 1850 in der Einbeziehung des Ghettos als fünfter Stadtteil *Josefov* in die Verwaltungsstruktur der Stadt. Die wohlhabenderen Juden nutzten die Möglichkeit der freien Bewegung und siedelten sich außerhalb des Ghettos an. Ihr gesellschaftliches Selbstbewußtsein und der Wunsch nach Repräsentation führten zum Bau neuer, prächtiger Gebäude. Gleichzeitig kam es in den 60er bis 80er Jahren des 19. Jhs. zum Umbau und der Modernisierung der Innenausstattung der meisten alten Synagogen der Judenstadt.

Mit der neu erworbenen Gleichberechtigung verzogen immer mehr jüdische Bürger aus dem Ghetto in andere Prager Viertel. Am Ende des 19. Jhs. bestanden in den Vorstädten im ganzen sieben selbständige jüdische Gemeinden, die noch durch die verstärkte Zuwanderung vom Lande anwuchsen. Diese Gemeinden (Libeň, Smíchov, Karlín, Michle, Košíře, Žižkov und Královské Vinohrady), bauten sich im Verlaufe der zweiten Hälfte des 19. Jhs. eigene Synagogen in verschiedenen historischen Stilen. Sie wurden meistens erst nach der Gebietserweiterung der Hauptstadt im Jahre 1920 an Prag angeschlossen.

Španělská synagoga

Poslední velká synagogální stavba na území Židovského Města vznikla paradoxně na místě jeho nejstarší synagogy. Za ni byla vždy pokládána Stará škola, která byla synagogou malého okrsku domů, odděleného od vlastního ghetta po celou dobu jeho existence. Tato obec i její synagoga měla pohnuté osudy. Při velikonočních protižidovských bouřích v roce 1389 byla Stará škola vypálena a pobořena. Roku 1516 opět vyhořela a znovu přestavěna byla až v letech 1603 a 1622. Po zpustošení v době vypovězení Židů z Prahy v letech 1745–49 byla obnovena nákladem primase Židovského Města Israela Frankla Spiry v roce 1750.

V roce 1837 byla ve Staré škole jako v první pražské synagoze zavedena reformovaná bohoslužba a začala se zde pěstovat synagogální hudba. Jako kazatelé spolku reformované bohoslužby sem byli povoláváni významní představitelé tehdy vznikající vědy o židovství. Působil zde známý orientalista a hebraista Leopold Zunz, kazatel Michael Sachs a v letech 1846–68 zde byl rabínem prof. Saul Isak Kaempf. K péči o rozvoj synagogální hudby byl přizván kapelník a skladatel František Škroup, autor české národní hymny a první české opery, který zde působil v letech 1836–45.

The Spanish Synagogue

Paradoxically, the last major synagogue in the Jewish Town was established on the site of the oldest synagogue. The latter was always considered to be the Old Shul, which served as a house of prayer for a small district that remained separated from the ghetto throughout its existence. This community and its synagogue had a troubled history. The Old Shul was burnt out and destroyed during the Easter anti-Jewish riots of 1389. It again fell victim to a fire in 1516 and was rebuilt in 1603 and 1622. It was renovated at the expense of the mayor of the Jewish Town Israel Frankel Spira in 1750, following the devastation connected with the expulsion of Jews from Prague in 1745–49.

In 1837 the Old Shul was the first synagogue in Prague to introduce reform services, as well as music. The preachers in the Ritual Reform Society who were active here included such prominent representatives of the then incipient Jewish science as the celebrated orientalist and Hebraist Leopold Zunz, preacher Michael Sachs and, in 1846–68, Professor Saul Isak Kaempf. The person responsible for the development of synagogue music here between 1836 and 1847 was the choirmaster and composer František Škroup, who wrote the Czech national anthem and the first Czech opera.

Die Spanische Synagoge

Der letzte große Synagogenbau auf dem Gebiet der Judenstadt entstand paradoxerweise am Standort ihrer ältesten Synagoge. Als diese wurde immer die Altschul angesehen, die die Synagoge eines kleinen, vom eigentlichen Ghetto getrennten, Häuserbezirks war. Diese Gemeinde und ihre Synagoge hatten ein bewegtes Schicksal. Während des Aufruhrs gegen die Juden zu Ostern 1389 wurde die Altschul gebrandschatzt und zerstört. Im Jahre 1516 brannte sie erneut nieder und wurde dann erst in den Jahren 1603 und 1622 umgebaut. Nach der Verwüstung zur Zeit der Judenaustreibung aus Prag in den Jahren 1745–49 wurde sie 1750 auf Kosten des Primas der Judenstadt, Israel Frankl Spiras, erneuert.

Im Jahre 1837 wurde in der Altschul als erster Prager Synagoge der reformierte Gottesdienst eingeführt und hier mit der Pflege synagogaler Musik begonnen. Der Verein des reformierten Gottesdienstes berief als Prediger bedeutende Vertreter der damals entstehenden Wissenschaft vom Judentum. Hier wirkten der bekannte Orientalist und Hebraist Leopold Zunz und der Prediger Michael Sachs. In den Jahren 1846–68 war Prof. Saul Isak Kaempf Rabbiner. Zur Förderung der synagogalen Musik wurde der Kapellmeister und Komponist František Škroup, der Autor der tschechischen Nationalhymne und der ersten tschechischen Oper, herangezogen. Er war hier von 1836–45 tätig.

◁ *Západní průčelí Španělské synagogy je provedeno v módním maurském slohu, čerpajícím inspiraci z architektury středověkého Španělska.*

◁ *The west facade of the Spanish is rendered in a Moorish style, inspired by the architecture of medieval Spain.*

◁ *Die Westfassade der Spanischen Synagoge wurde im modischen maurischen Stil ausgeführt, der seine Inspirationen aus der Architektur des mittelalterlichen Spaniens schöpfte.*

Interiér Španělské synagogy – pohled k východu. Ve Španělské synagoze je od roku 1998 instalována stálá expozice, věnovaná židovským dějinám v českých zemích od roku 1780 až do současnosti.

Interior of the Spanish Synagogue – view towards the east. Since 1998 the Spanish Synagogue has housed a permanent exhibition devoted to Jewish history in Czech Lands from 1780 to the present.

Innenraum der Spanischen Synagoge, Blick nach Osten. Seit 1998 befindet sich in der Spanischen Synagoge eine Dauerausstellung, die der jüdischen Geschichte in den böhmischen Ländern von 1780 bis zur Gegenwart gewidmet ist.

Arabeska štukových, bohatě zlacených a polychromovaných motivů je hlavním rysem maurského slohu, užívaného v druhé polovině 19. století při výzdobě reformovaných synagog.

The rich arabesque of stucco, gilt and polychrome motifs is the main feature of the Moorish style, employed in the second half of the 19th century in the decoration of reform synagogues.

Die mannigfaltige Arabeske aus Stuck und reich vergoldeten und polychromisierten Motiven ist das Hauptcharakteristikum des maurischen Stils, der in der zweiten Hälfte des 19. Jahrhunderts bei der Dekoration der reformierten Synagogen zur Anwendung kam.

Vsouvislosti se zahájením činnosti spolku reformované bohoslužby byl interiér Staré školy modernizován v novogotickém slohu. Ani po modernizaci však prostor Staré školy nedostačoval potřebám rychle rostoucího spolku reformované bohoslužby a brzy došlo k rozhodnutí o stavbě nové budovy. Stará škola byla roku 1867 zbořena a na jejím místě byla vystavěna nová synagoga, která začala být užívána již od května 1868. Plán stavby vypracoval pražský architekt Ignác Ullmann, vnitřní konstrukce byla svěřena architektu Josefu Niklasovi a stavbu provedl stavitel Jan Bělský.

In connection with the introduction of reform services, the interior of the Old Shul was modernized in a Neo-Gothic style. Even after modernization, however, there was insufficient space to meet the needs of the rapidly growing Ritual Reform Society, which was why a decision was soon made to construct a new building. The Old Shul was pulled down in 1867 and a new synagogue was built on the same site, opening in May 1868. The building was designed by Prague architect Ignác Ullmann, the interior by architect Josef Niklas and the construction was carried out by the builder Jan Bělský.

Im Zusammenhang mit dem Beginn der Tätigkeit des Vereins des reformierten Gottesdienstes wurde der Innenraum der Altschul im neugotischen Stil modernisiert. Aber auch nach dieser Modernisierung wurde er den Bedürfnissen des rasch anwachsenden Vereins nicht gerecht, und so wurde bald der Bau eines neuen Objekts beschlossen. Die Altschul wurde 1867 abgerissen und an ihrer Stelle eine neue Synagoge errichtet, die schon im Mai 1868 genutzt werden konnte. Das Projekt hatte der Prager Architekt Ignac Ullmann ausgearbeitet, die inneren Konstruktionen wurden dem Architekten Josef Niklas anvertraut, die Bauleitung übernahm Baumeister Jan Bělský.

◁ *Východní část Španělské synagogy se svatostánkem patří k nejbohatěji zdobeným částem stavby. Architektura svatostánku je zbudována podle vzoru baldachýnů z paláce ve španělské Alhambře.*

◁ *The east part of the Spanish Synagogue is one of the most richly decorated sections of the building. The design of the ark is based on that of canopies from the Alhambra in Spain.*

◁ *Der östliche Teil der Spanischen Synagoge mit dem Thoraschrein gehört zu den am reichsten verzierten Bereichen des Bauwerks. Die Architektur des Thoraschreins hat die Baldachine des Palasts im spanischen Alhambra zum Vorbild.*

◁ Ústřední kopule Španělské synagogy o průměru deseti metrů je nesena na subtilní litinové konstrukci, jejímž autorem je architekt Josef Niklas.

◁ The central dome of the Spanish Synagogue is 10 m in diameter and is supported by a light cast-iron construction, designed by architect Josef Niklas.

◁ Die zentrale Kuppel der Spanischen Synagoge hat einen Durchmesser von 10 m und wird von einer subtilen gußeisernen Konstruktion getragen, die Architekt Josef Niklas entworfen hat.

Rozlehlé kopule a klenby Španělské synagogy jsou zdobeny bohatou arabeskou maurského dekoru, v němž k nejdůležitějším prvkům patří motiv šesticípé hvězdy.

The large dome and vaults of the Spanish Synagogue are adorned with a rich arabesque of Moorish motifs, the most important of which includes the Star of David.

Die weitgespannte Kuppel und die Gewölbe der Spanischen Synagoge sind mit reichen Arabesken maurischer Dekors geschmückt, bei denen der sechszackige Stern zu den wesentlichsten Motiven gehört.

Nové varhany v maurském slohu byly na galerii synagogy instalovány v roce 1880.

A new Moorish-style organ was installed in the synagogue gallery in 1880.

Die neue, im maurischen Stil gestaltete Orgel wurde 1880 auf der Empore der Synagoge installiert.

Synagoga má pravidelný čtvercový půdorys s mohutnou kopulí nad ústředním prostorem. Ze tří stran jsou vestavěny vylehčené galerie na kovových konstrukcích, zcela otevřené do hlavního prostoru. Pozoruhodná vnitřní výzdoba byla provedena v letech 1882-93 podle návrhů architektů Antonína Bauma a Bedřicha Münzbergera. Tvoří ji nízká štuková arabeska stylizovaných islámských motivů, bohatě zlacených a polychromovaných v zelených, modrých a červených tónech. Stejné dekorativní prvky, odvozené ze španělské Alhambry, se uplatňují v řezbářské výzdobě dveří, varhan, zábradlí galerie a obložení stěn v přízemí. Také okna v přízemí a patře byla v letech 1882-83 zasklena malovanými vitrážemi. Dokonale řemeslně provedená ornamentální výzdoba sjednocuje celý prostor a odlehčuje velké plochy stěn. Díky této bohaté výzdobě v maurském slohu se synagoze začalo říkat Španělská.

Synagoga byla předána do správy Židovského muzea v roce 1955 a v letech 1958-59 částečně obnovena. Od roku 1960 zde byla zpřístupněna expozice synagogálního textilu, která byla otevřena až do roku 1982, kdy byla budova pro havarijní stav uzavřena. K nové náročné rekonstrukci bylo možné přistoupit postupně až po roce 1994, kdy byla synagoga vrácena do majetku pražské židovské obce. V roce 1995 byla obnovena měděná krytina střechy, 1996 byly obnoveny omítky a výzdoba průčelí a v letech 1997-98 byla provedena náročná restaurace vnitřního zařízení, malířské výzdoby, malovaných vitráží oken i varhan. V listopadu 1998 byla v synagoze zpřístupněna stálá expozice české židovské historie od osvícenství až do současnosti. V synagoze se rovněž pořádají koncerty duchovní hudby.

The synagogue has a central square plan with a large dome surmounting its central space. On three sides there are light galleries on metal structures, which fully open into the nave. The remarkable interior decoration was carried out between 1882 and 1893 to designs by architects Antonín Baum and Bedřich Münzberger. It includes a low stucco arabesque of stylized Islamic motifs, which is richly gilded and decorated in shades of green, blue and red. The same decorative features, derived from the Spanish Alhambra, were applied to the carved decorations of the doors, the organ, gallery railings and wall cladding on the ground floor. The ground floor and upper floor windows were fitted with stained glass in 1882-83. The perfectly finished ornamental decorations unify the whole space and relieve the large wall surface. As the interior was richly decorated in a Moorish style, the building came to be known as the Spanish Synagogue.

The synagogue was turned over to the Jewish Museum in 1955 and was part renovated in 1958-59. A permanent exhibition of synagogue textiles opened here in 1960, running until 1982 when the building was closed due to structural damage. Thorough reconstruction was only carried out after 1994, when the synagogue was returned to the Jewish community of Prague. The copper sheet roof was repaired in 1995, plasterwork and the facade decoration in 1996, and the furnishings, decorative paintwork, stained glass windows and the organ in 1997-98. November 1998 saw the opening in the synagogue of a permanent exhibition devoted to Czech Jewish history from the enlightenment to the present. Concerts of sacred music are also held here.

Die Synagoge hat einen regelmäßigen quadratischen Grundriß und eine mächtige Kuppel über dem mittleren Raum. An drei Seiten sind leichte, von Metallkonstruktionen getragene Emporen angebracht, die sich zum Hauptraum vollständig öffnen. Die beachtenswerte Innendekoration entstand in den Jahren 1882-93 nach Entwürfen der Architekten Antonín Baum und Bedřich Münzberger. Sie zeigt flache Stuckarabesken mit stilisierten islamischen Motiven, die reich vergoldet und in grünen, blauen und roten Tönen polychromisiert sind. Die gleichen dekorativen Elemente kommen auch bei den Schnitzereien an den Türen, der Orgel, den Emporenbrüstungen und den Wandverkleidungen im Erdgeschoß zur Geltung. Auch die Fenster im Erd- und Obergeschoß wurden in den Jahren 1882-83 mit gemalten Scheiben verglast. Die handwerklich perfekt ausgeführte Ornametaldekoration vereinheitlicht den gesamten Raum und lockert die großen Wandflächen auf. Dank dieser reichen Ausstattung im maurischen Stil begann man das neue Gotteshaus auch Spanische Synagoge zu nennen.

Die Spanische Synagoge wurde 1955 der Verwaltung des Jüdischen Museums unterstellt und 1958-59 teilweise renoviert. Von 1960-1982 war hier eine Exposition synagogaler Textilien zu sehen. Dann wurde das Objekt wegen Baufälligkeit geschlossen. Erst nach 1994, als die Synagoge der Prager jüdischen Gemeinde zurückgegeben wurde, konnte allmählich mit einer neuen anspruchsvollen Rekonstruktion begonnen werden. Im Jahre 1995 wurde das Kupferdach erneuert, 1996 dann der Putz und die Dekoration der Fassaden, und schließlich wurde in den Jahren 1997-98 die schwierige Restaurierung der Innenausstattung, der Malereien, der Fensterverglasung und der Orgel vorgenommen. Im November 1998 wurde in der Synagoge eine ständige Ausstellung der jüdischen Geschichte in den böhmischen Ländern von der Aufklärung bis zur Gegenwart eröffnet. Hier finden auch Konzerte geistlicher Musik statt.

V roce 1935 byla ke Španělské synagoze přistavěna funkcionalistická budova podle projektu arch. Karla Pecánka, která sloužila do druhé světové války jako židovská nemocnice. Ve své západní části tato budova tvoří vestibul Španělské synagogy, v prvním patře zde byla zřízena moderní zimní modlitebna. Jednoduchý, ale elegantní funkcionalistický interiér modlitebny vyniká velkými okny, dřevěnými obklady stěn a moderně řešeným svatostánkem. V prostoru zimní modlitebny se od roku 1998 konají krátkodobé výstavy Židovského muzea.

A functionalist building was annexed to the Spanish Synagogue in 1935. Designed by Karel Pecánek, this was used as a Jewish hospital until the Second World War. The west end of this building constitutes the vestibule of the synagogue, and the upper floor houses a modern winter prayer room. Prominent features of the simple but elegant functionalist interior of the prayer room include large windows, wood panelling and an ark of modern design. Short-term exhibitions of the Jewish Museum have been held in the winter prayer room since 1998.

Im Jahre 1935 wurde nach einem Projekt von Karel Pecánek an die Synagoge ein funktionalistisches Gebäude angebaut, das bis zum 2. Weltkrieg jüdisches Krankenhaus war. Der westliche Teil dieses Objekts bildet jetzt das Vestibül der Spanischen Synagoge, im ersten Geschoß wurde ein moderner Winter-Gebetsraum eingerichtet. Das einfache, aber elegante funktionalistische Interieur des Gebetsraums zeichnet sich mit großen Fenstern, hölzernen Wandverkleidungen und einem modern gestalteten Thoraschrein aus. Hier finden seit 1998 auch kurzfristige Ausstellungen des Jüdischen Museums statt.

Baldachýn aronu ha-kodeš je vyroben z několika druhů mramoru, bohatě polychromován a zlacen. Na vrcholu je završen mramorovými deskami Desatera.

Canopy of the aron ha-kodesh, made of several types of marble, richly polychrome, gilt and surmounted by tablets of the Decalogue.

Der Baldachin des Aron ha-Kodesch ist aus mehreren Marmorarten gefertigt, reich polychromisiert und vergoldet und mit Gebotstafeln aus Marmor gekrönt.

Jeruzalémská synagoga

Po rozhodnutí o asanační přestavbě Josefova byl roku 1897 ustaven spolek pro vybudování nové synagogy, která by sloužila jako náhrada za Cikánovu, Velkodvorskou a Novou synagogu, které byly určeny ke zboření. V lednu 1899 spolek zakoupil starý dům v Jeruzalémské ulici na Novém Městě jako pozemek pro stavbu synagogy.

Postupně vznikly pro stavbu synagogy dva projekty, jeden v novorománském slohu od pražského stavitele Aloise Richtera z roku 1899, druhý v novogotickém slohu od stavitele Josefa Linharta z roku 1901. Ani jeden z nich však nebyl schválen městskou stavební komisí. Třetí projekt vypracoval roku 1903 známý vídeňský architekt Wilhelm Stiassny. Ten byl následujícího roku schválen a v letech 1904–06 byla stavba na náklady spolku realizována stavitelem Aloisem Richterem. Na svátek Simchat Tóra byla synagoga 16. září 1906 zasvěcena. Protože o stavbě synagogy bylo rozhodnuto v době padesátého výročí nastoupení Františka Josefa I. na rakouský trůn, byla na jeho počest nazvána Jubilejní. Podle jména ulice se však později ujal název „Jeruzalémská".

The Jerusalem Synagogue

Following a decision to rebuild Josefov, an association was set up in 1897 for the construction of a new synagogue to replace the Zigeuner, Great Court and New synagogues, which had been marked out for demolition. In January 1899 the association purchased an old house in Jerusalem Street in Prague's New Town as a site for the new synagogue.

Two different initial designs were made for the synagogue, one in a Neo-Romanesque style by the Prague architect Alois Richter from 1899, the other in a Neo-Gothic style by architect Josef Linhart from 1901. In the end, however, neither was approved by the city's building committee. A third design was made in 1903 by the well-known Viennese architect Wilhelm Stiassny. This was approved the following year and implemented in 1904–06 by Alois Richter at the expense of the association. The synagogue was dedicated on 16 September 1906 during the festival of Simhat Torah. Because the decision to build the synagogue had been made at the time of the 50th anniversary of the accession of Franz Joseph I to the Austrian throne, it was named the Jubilee Synagogue in his honour. It was later renamed the Jerusalem Synagogue after the street in which it is located.

Die Jerusalem-synagoge

Nach dem Beschluß zur Assanierung von Josefov wurde 1897 ein Verein zum Bau einer neuen Synagoge gegründet, die die für den Abriß vorgesehenen Zigeuner-, Großenhof- und Neue Synagoge ersetzen sollte. Im Januar 1899 kaufte der Verein ein altes Haus in der Jerusalemer Straße in der Prager Neustadt als Grundstück für den Bau der Synagoge.

Es wurden zwei Projekte ausgearbeitet, eins im Jahre 1899 im neuromanischen Stil vom Prager Baumeister Alois Richter, das andere 1901 von Baumeister Josef Linhart in neugotischen Formen. Keines von beiden wurde jedoch von der städtischen Baukommission angenommen, und so erarbeitete 1903 der namhafte Wiener Architekt Wilhelm Stiassny einen dritten Entwurf. Nach diesem baute dann in den Jahren 1904–06 Baumeister Alois Richter auf Kosten des Vereins die neue Synagoge. Sie wurde am 16. September 1906, am Feiertag Simchat Tora geweiht. Da der Bau der Synagoge in der Zeit des fünfzigsten Jubiläums der Thronbesteigung Franz Josefs I. beschlossen wurde, erhielt sie ihm zu Ehren den Namen Jubiläumssynagoge. Nach der Straße, in der sie steht, bürgerte sich später aber der Name Jerusalemsynagoge ein.

◁ *Západní průčelí Jeruzalémské synagogy s mohutným portikem s islámským obloukem a růžicovým oknem v patře. Hebrejský nápis po jeho obvodu nese biblický citát: „Toto je brána Hospodinova, spravedliví do ní vcházejí" (Žalm 118,20).*

◁ *The west facade of the Jerusalem Synagogue features a large portico with Islamic arches and an upper-floor rosette window. The Hebrew inscription around the portico is a quotation from Psalm 118:20: "This is the gateway to the Lord – the righteous shall enter through it".*

◁ *Westfassade der Jerusalemsynagoge mit dem mächtigen Portikus und dem islamischen Bogen sowie dem Rosettenfenster im Obergeschoß. Die hebräische Inschrift am Bogen ist das Bibelzitat: „Das ist das Tor des Herrn; die Gerechten werden dahin eingehen" (Psalm 118,20).*

◁   Hluboký prostor interiéru Jeruzalémské synagogy je rytmicky členěn dvěma řadami arkád nad sebou. Hlavní loď je osvětlována širokými světlíky ve stropě a řadami oken po stranách.

◁   A rhythm is established in the deep interior space of the Jerusalem Synagogue by two tiers of arcades. The main nave is lit by wide skylights and rows of windows along the sides.

◁   Der tiefe Innenraum der Jerusalemsynagoge ist mit zwei übereinanderliegenden Arkadenreihen rhythmisch gegliedert. Das Hauptschiff wird durch breite Oberlichter in der Decke und durch die Fensterreihen an den Seiten beleuchtet.

Arkády postranních lodí s charakteristickými islámskými oblouky v přízemí Jeruzalémské synagogy.

Arcades of the side aisles with characteristic Islamic arches on the ground floor of the Jerusalem Synagogue.

Arkaden der Seitenschiffe mit charakteristischen islamischen Bögen im Erdgeschoß der Jerusalemsynagoge.

Svatostánek (aron ha-kodeš) *v podobě ústupkového portálu nese věčné světlo, vinný keř v tympanonu a na vrcholu dvě desky Desatera. Kruhové okno nad svatostánkem má uprostřed šesticípou hvězdu s tetragramem a motivy dekorativní arabesky.*

Holy ark (aron ha-kodesh) *in the form of a splayed portal with the eternal light in front, decorated with a vine leaf motif in the tympanum and surmounted by two tablets of the Decalogue. The circular window above the ark features the Star of David with a tetragram and decorative arabesque motifs.*

Der Thoraschrein (Aron ha-Kodesch) *in der Form eines Stufenportals trägt das ewige Licht, im Tympanon einen Weinstock und auf dem Scheitel die beiden Gebotstafeln. Das Rundfenster über dem Thoraschrein trägt den sechszackigen Stern mit dem Tetragramm und Motiven dekorativer Arabesken.*

Všechny prvky zařízení
včetně četných mosazných
lustrů a věčného světla byly
provedeny ve stylizovaných
formách maurského slohu.

All the furnishings, includ-
ing the numerous brass
chandeliers and eternal
light, were rendered in a
Moorish style.

Alle Ausstattungselemente
einschließlich der Messing-
kronleuchter und des ewi-
gen Lichts wurden in stili-
sierten maurischen For-
men angefertigt.

Jeruzalémská synagoga je zajímavým příkladem volné secesní stylizace tvarosloví maurského slohu. Průčelí vyznačuje mohutný portikus s islámským obloukem a rozetovým oknem se šesticípou hvězdou uprostřed a dva věžovité rizality po stranách. Štít průčelí vrcholí kamennými deskami Desatera a citátem verše Žalmu (118,20) po obvodu portiku: „Toto je brána Hospodinova, skrze ni vcházejí spravedliví". Střední arkádu vstupního portiku lemuje verš z knihy proroka Malachiáše (2,10) „Což nemáme my všichni jednoho Otce? Což nás nestvořil jediný Bůh?".

Půdorys synagogy tvoří trojlodí bazilikálního typu s příčným křídlem v západním průčelí. Do synagogy se vstupuje předsíní, v níž jsou na stěnách umístěny pamětní desky se jmény donátorů a představených synagogálního spolku. Nalevo od vstupu je v hlavní lodi umístěna nápisová deska, přenesená z Cikánovy synagogy. Dlouhý vnitřní prostor je rytmizován dvěma řadami sedmi arkád stlačených islámských oblouků, které nesou galerie pro ženy. Hlavní loď i galerie jsou osvětleny trojdílnými okny s barevnými vitrážemi po stranách a širokými světlíkovými okny v plochém stropu. Vysoký aron ha-kodeš v podobě ústupkového portálu je zdoben v horní části motivem vinného keře a deskami Desatera. Pozoruhodnou malířskou výzdobu synagogy navrhl a patrně iprovedl malíř František Fröhlich. Výzdobu interiéru doplňují četné lustry a nástěnná světla, inspirovaná islámskou kovotepeckou tradicí. Na západní vyvýšené empoře jsou dochovány rozměrné varhany.

In terms of architecture, the Jerusalem Synagogue is an interesting example of a loose Art Nouveau stylization of a Moorish design. The front facade has a large portico with Islamic arches and a rosette window with a six-pointed star in the centre and two tower-like projections at the sides. The front gable is surmounted by a stone tablet of the Law and a quotation from Psalm 118:20 around the portico: "This is the gateway to the Lord – the righteous shall enter through it". The central arcade of the front portal is lined with a verse from Malachi (2:10) – "Have we not one Father? Did not one God create us?"

The ground plan of the synagogue comprises a basilica type triple-nave with a transverse wing in the west facade. Access to the synagogue is via a vestibule, which features wall plaques displaying the names of the building's sponsors and heads of the synagogue association. An inscribed tablet originally from the Zigeuner Synagogue is positioned in the main nave to the left of the entrance. A rhythm is established in the long interior space by two tiers of seven arcades consisting of Islamic arches, which support the women's gallery. The main nave and gallery are lit by tripartite stained-glass windows and wide skylights in the flat ceiling. The high ark is in the form of a splayed portal and is decorated at the top with a vine leaf motif and the tablets of the Law. The remarkable decorative paintwork was designed and probably executed by the painter František Fröhlich. The interior decoration is complemented by numerous chandeliers and wall lights, inspired by the Islamic metalwork tradition. A large organ has been preserved on the raised west gallery.

Die Jerusalemsynagoge ist ein interessantes Beispiel für eine freie Sezessionsstilisierung der maurischen Formsprache. Die Fassade zeigt einen mächtigen Portikus mit islamischem Bogen und einem Rosettenfenster mit dem sechszackigen Stern in der Mitte und zwei turmartige Risalite an den Seiten. Der Giebel der Fassade gipfelt mit steinernen Gebotstafeln und einem Zitat der Verse aus Psalm 118,20 an der Umrahmung des Portikus: „Das ist das Tor des Herrn; die Gerechten werden dahin eingehen". Den Mittelbogen des Eingansportikus säumt ein Vers des Propheten Malachi (2,10): „Haben wir nicht alle einen Vater? Hat uns nicht ein Gott geschaffen?"

Der Grundriß der Synagoge entspricht dem dreischiffigen Basilikaltypus mit einem Querflügel an der Westfassade. Der Eingang zur Synagoge führt durch einen Vorsaal, an dessen Wänden Gedenktafeln mit den Namen der Sponsoren und der Vorstände des Synagogenvereins angebracht sind. Links des Eingangs befindet sich im Hauptschiff eine Inschrifttafel, die von der Zigeunersynagoge übertragen wurde. Der langgestreckte Innenraum ist mit zwei Arkadenreihen aus sieben gedrückten islamischen Bögen rhythmisiert, die die Frauenemporen tragen. Das Hauptschiff und die Emporen erhalten ihr Licht von den Seiten durch dreiteilige Fenster mit farbiger Verglasung und durch ein breites Oberlichtfenster in der flachen Decke. Der hohe Aron ha-Kodesch hat die Form eines Stufenportals und ist im oberen Bereich mit dem Weinstockmotiv und den Gebotstafeln verziert. Die beachtliche Malerdekoration der Synagoge hat František Fröhlich entworfen und offenbar auch ausgeführt. Die Ausstattung des Interieurs wird von zahlreichen Kronleuchtern und Wandlampen ergänzt, die vom islamischen Metalltreiberhandwerk inspiriert sind. Auf der erhöhten Westempore blieb eine große Orgel erhalten.

▷ Ženská galerie v Jeruzalémské synagoze – pohled k severozápadu.

▷ Women's gallery in the Jerusalem Synagogue – view towards the north-west.

▷ Frauenempore der Jerusalemsynagoge, Blick nach Nordwesten.

Dekorativní malby kleneb napodobují živě barevnou a zlacenou arabesku maurských staveb ve Španělsku.

The decorative paintwork of the arches reflects the colourful gilt arabesque of Moorish buildings in Spain.

Die dekorativen Malereien an den Gewölben ahmen die lebhafte farbige und vergoldete Arabeske der maurischen Bauwerke in Spanien nach.

Jeruzalémská synagoga byla za 2. světové války z větší části uchráněna devastace a slouží již téměř celé století bohoslužbám pražské židovské obce. Od roku 1993 se provádí její postupná rekonstrukce a obnova barevných vitrážových oken. V roce 1997 se uskutečnila celková obnova modlitebny v prvním patře. V letních měsících je Jeruzalémská synagoga přístupna veřejnosti, pořádají se zde koncerty a výstavy.

The Jerusalem Synagogue was in the main protected from destruction during the Second World War and has now been used for almost a century for the services of the Jewish community of Prague. An ongoing reconstruction of the building and renovation of the stained glass windows began in 1993. The upper-floor prayer room was fully reconstructed in 1997. In the summer months the Jerusalem Synagogue is open to the public and is a venue for concerts and exhibitions.

Die Jerusalemsynagoge blieb während des Kriegs zum größten Teil von Zerstörungen verschont und dient nun schon fast ein ganzes Jahrhundert den Gottesdiensten der Prager jüdischen Gemeinde. Seit 1993 wird sie schrittweise rekonstruiert und die fabige Verglasung der Fenster erneuert. Im Jahre 1997 erfolgte eine Gesamtrenovierung des Gebetsraums im ersten Geschoß. Während der Sommermonate ist die Jerusalemsynagoge der Öffentlichkeit zugänglich, hier werden auch Konzerte und Ausstellungen veranstaltet.

◁ *Galerie Jeruzalémské synagogy – pohled k západu. Kruchta v západní části synagogy nese rozměrné varhany.*

◁ *Gallery of the Jerusalem Synagogue – view towards the west. The empora in the west part of the synagogue supports a large organ.*

◁ *Empore der Jerusalemsynagoge – Blick nach Westen. Die Empore im Westteil der Synagoge trägt eine große Orgel.*

▷ *Hlavice sloupů v přízemí a na galeriích vycházejí z maurských vzorů, dochovaných ve španělské Alhambře.*

▷ *The capitals on the ground-floor and in the galleries are based on Moorish designs from the Alhambra.*

▷ *Die Kapitelle der Säulen im Erdgeschoß und auf den Emporen folgen Vorbildern im maurischen Stil, die im spanischen Alhambra erhalten geblieben sind.*

Osudy pražských synagog

Řada starých synagog pražského ghetta byla zbořena během asanační přestavby Josefova na počátku 20. století. Ty, které zůstaly zachovány, sloužily bohoslužbám pražské židovské obce až do počátku druhé světové války. Na podzim roku 1941 byly veřejné bohoslužby z příkazu říšského protektora zakázány a synagogy uzavřeny. Většina z nich byla předána *Treuhandstelle,* organizaci pro konfiskaci židovského majetku. Jejich vnitřní zařízení bylo zničeno a synagogy přeměněny na skladiště nábytku, lustrů, koberců, nádobí, klavírů, šicích strojů a knihoven z opuštěných židovských bytů. Některé vyklizené synagogy sloužily válečnému Židovskému ústřednímu muzeu jako skladiště, dílny a výstavní prostory pro uzavřené expozice hebrejských knih a kultových předmětů.

Po válce byly obnoveny bohoslužby ve Staronové, Vysoké, Španělské a v Jeruzalémské synagoze. V Klausové synagoze byla v červnu 1946 otevřena první poválečná expozice Židovského muzea, věnovaná židovským svátkům a zvykům. V roce 1950 byly do správy Židovského muzea předány Vysoká a Pinkasova synagoga, později také Maiselova a Španělská synagoga, kde byly počátkem 60. let otevřeny stálé expozice synagogálního stříbra a textilu. V rekonstruované Pinkasově synagoze byl v roce 1960 zpřístupněn Památník téměř 78 000 obětí nacistické rasové genocidy z českých zemí.

The Fate of Prague Synagogues

A number of old synagogues in the Prague ghetto were demolished during the clearance of Josefov at the beginning of the 20th century. Those which survived were used for services of the Jewish community of Prague until the outbreak of the Second World War. In the autumn of 1941 public services were banned by order of the Nazi Protectorate and synagogues were closed. Most of them were transferred to the *Treuhandstelle,* an organization for the confiscation of Jewish property. The furnishings were destroyed and synagogues were converted into storehouses for furniture, chandeliers, carpets, utensils, pianos, sewing machines and libraries from abandoned Jewish apartments. Some of the vacated synagogues were used by the war-time Central Jewish Museum as storehouses, workshops and exhibition spaces for closed displays of Hebrew books and ritual objects.

After the war, services resumed in the Old-New, High, Spanish and Jerusalem synagogues. The first post-war exhibition of the Jewish Museum, devoted to Jewish festivals and customs, opened in the Klausen Synagogue in June 1946. In 1950 the High and Pinkas synagogues were turned over to the Jewish Museum, later followed by the Maisel and Spanish synagogues, where permanent exhibitions of synagogue silver and textiles opened at the beginning of the 1960s. 1960 saw the opening in the reconstructed Pinkas Synagogue of the Memorial to the nearly 78,000 victims of the Nazi Genocide from the Czech Lands.

Das Schicksal der Prager Synagogen

Während der Assanierung des Stadtteils Josefov am Anfang des 20. Jhs. wurde eine ganze Reihe alter Synagogen des Prager Ghettos abgerissen. Die, die erhalten blieben, dienten bis zum Beginn des zweiten Weltkriegs den Gottesdiensten der Prager jüdischen Gemeinde. Im Herbst 1941 wurden auf Befehl des Reichsprotektors die öffentlichen Gottesdienste verboten und die Synagogen geschlossen. Die meisten von ihnen wurden der sog. *Treuhandstelle* übergeben, einer Organisation zur Konfiskation jüdischen Eigentums. Ihre Innenausstattung wurde vernichtet und sie selbst in Lager für Möbel, Leuchter, Teppiche, Geschirr, Klaviere, Nähmaschinen und Bibliotheken aus verlassenen jüdischen Haushalten verwandelt. Einige geräumte Synagogen dienten dem damaligen Jüdischen Zentralmuseum als Lager, Werkstatt und Ausstellungsraum für geschlossene Expositionen hebräischer Bücher und Kultgegenstände.

Nach dem Krieg wurden in der Altneu-, der Hohen, der Spanischen und der Jerusalemsynagoge die Gottesdienste erneuert. In der Klausensynagoge wurde im Juni 1946 die erste Nachkriegsexposition des Jüdischen Museums eröffnet, die den jüdischen Festen und Bräuchen gewidmet war. Im Jahre 1950 gingen die Hohe und die Pinkassynagoge in die Verwaltung des Jüdischen Museums über, später auch die Maisel- und die Spanische Synagoge, wo Anfang der 60er Jahre ständige Expositionen mit synagogalem Silbergerät und Textilien eröffnet wurden. In der rekonstruierten Pinkassynagoge wurde 1960 die Gedenkstätte für fast 78 000 aus den böhmischen Ländern stammende Opfer des nazistischen Rassengenozids zugänglich gemacht.

Slovníček hebrejských a cizojazyčných názvů

acej chajim - doslova „stromy života", také název pro tyče, na nichž je navinut svitek Tóry

agada - doslova „vyprávění", druh literatury věnované eticko-náboženským otázkám, které osvětluje pomocí příběhů, podobenství a přísloví

almemor - arabský výraz pro pódium s pultem pro předčítání Tóry v synagoze, viz *bima, teva*

amud - pult pro kantora, umístěný v synagoze vpravo před svatostánkem

aron ha-kodeš - svatostánek při východní stěně synagogy, sloužící pro uchovávání svitků Tóry, v sefardském prostředí nazývaný také *hejchal*

Aškenaz - ve středověké hebrejštině znamená Německo, *aškenazim* je označení pro Židy původem ze západní a východní Evropy

bar micva - aramejsky „syn přikázání", obřad pro přijetí chlapce do náboženské pospolitosti po dovršení 13. roku života

bima - řecký výraz pro vyvýšené pódium s pultem pro předčítání Tóry, umístěné obvykle ve středu nebo ve východní části synagogy

ghetto - původně italské označení židovského sídliště v Benátkách, odděleného od ostatního města, přeneseně označení pro uzavřené, resp. nucené sídliště

golem - doslova „nedokonalý", „beztvarý", resp. umělá bytost vytvořená člověkem; pražského Golema podle pověsti vytvořil z hlíny a oživil rabi Löw

haftara - týdenní oddíl z prorockých knih, obsahově se vážící k příslušné sidře, viz *sidra*

halacha - doslova „chození", druh židovské náboženskoprávní literatury, která stanoví závazná pravidla jednání ve všech oblastech života

havdala - doslova „rozdělení", obřad na ukončení oslavy šabatu, oddělující den sobotní od všedních dní pracovních

hejchal - označení pro Jeruzalémský chrám, v sefardském prostředí rovněž označení pro svatostánek v synagoze, viz *aron ha-kodeš*

Chanuka - osmidenní Svátek zasvěcení, slavený na připomínku vítězství Makabejských nad syrsko-řeckými okupanty roku 165 př. o. l. a znovuvysvěcení Jeruzalémského chrámu

chanukija - osmiramenný svícen, resp. svícen s osmi světly, užívaný při oslavě svátku Chanuka

chazan - také *kantor* nebo *šliach cibur* (zástupce shromážděné obce), předříkává modlitby a řídí bohoslužbu

chevra kadiša - posvátné, resp. pohřební bratrstvo, spolek pečující zejména o zaopatření umírajícího a o obřady spojené s pohřbem

Chrám - Šalamounův Chrám v Jeruzalémě, postavený kolem poloviny 10. století př. o. l., biblická svatyně Izraele, byl zbořen Babylóňany roku 586 př. o. l.; druhý Jeruzalémský chrám byl dokončen roku 516 př. o. l. a zbořen Římany roku 70 o. l.

chupa - svatební baldachýn, pod nímž se koná svatební obřad, symbol budoucího společného domova ženicha a nevěsty

jad - doslova „ruka", většinou stříbrné ukazovátko ve tvaru ručičky ke sledování textu Tóry

jarmulka - čepička, která se nosí při modlitbě, bohoslužbách, oslavě svátků nebo trvale na temeni hlavy, viz *kipa*

ješiva - tradiční vysoká talmudická škola

Jom kipur - Den smíření, nejvýznamnější svátek židovského roku, slavený půstem a celodenní bohoslužbou, připadá na 10. tišri židovského kalendáře (září–říjen)

kantor - předříkávač modliteb. Viz *chazan, šliach cibur*

kaporet - název pro víko archy úmluvy v Jeruzalémském chrámu, přeneseně označení drapérie, zakrývající v horní části svatostánku mechanismus na zavěšení opony, viz *parochet*

keter Tora - koruna Tóry, symbol moudrosti a královského majestátu, korunou je také zdoben svitek Tóry

kipa - čepička, která se nosí při modlitbě, bohoslužbách, oslavě svátků nebo trvale na temeni hlavy, viz *jarmulka*

kohen - doslova „kněz", potomek kněží Jeruzalémského chrámu, který udílí obci požehnání; kohenové odvozují svůj původ od Arona

levita - potomek biblických levitů, pomocníků chrámových kněží

maariv - večerní modlitba

magen David - doslova „štít Davidův", šesticípá hvězda (řecky hexagram), magické znamení různých starověkých kultur, později znak židovských obcí a novodobý symbol židovství a státu Izrael

machzor - kniha modliteb pro jednotlivé svátky

mapa - povijan, úzký vyšívaný pruh plátna, kterým je převázán svitek Tóry, v jidiš *vimpl*

meil - pláštík na Tóru, zakrývá, chrání a zdobí svitek Tóry

menora - symbolický sedmiramenný svícen v Jeruzalémském chrámu, v synagoze obvykle osmiramenný chanukový svícen v podobě menory

mezuza - obvykle kovové nebo dřevěné pouzdro s úryvkem Tóry, upevněné šikmo na pravé veřeji (zvenčí) židovského domu nebo bytu

mikve - rituální lázeň navštěvovaná před šabatem, svatbou apod., poskytující především duchovní očištění

mincha - odpolední modlitba

minjan - minimální počet deseti mužů starších třinácti let, nezbytný pro výkon bohoslužby a předčítání z Tóry

Mišna - doslova „opakování", „studium", kodifikovaný soubor náboženskoprávní literatury, který uspořádal na počátku 3. stol. o. l. patriarcha Jehuda ha-Nasi

ner tamid - věčné světlo, zavěšené v synagoze před svatostánkem na upomínku Jeruzalémského chrámu

parochet - synagogální opona, zakrývající dveře svatostánku v synagoze

Pentateuch - řecky pětidílná kniha, v užším smyslu označuje pět Knih Mojžíšových, viz Tóra

Pesach - osmidenní jarní Svátek překročení, slavený na připomínku vysvobození Židů z egyptského otroctví, připadá na 15.–22. nisan (březen–duben)

Pesachová hagada - kniha modliteb, požehnání, vyprávění a písní, vztahujících se k vysvobození z Egypta, předčítaná při sederové večeři o svátku Pesach

Purim - Svátek losů, slavený na připomínku záchrany Židů královnou Ester před úklady královského hodnostáře Hamana v perském exilu, připadá na 14. adar (obvykle březen)

rabi - doslova „můj mistr", „můj učitel", duchovní představitel židovské obce, rozhoduje v otázkách náboženského práva, působí jako učitel, duchovní rádce a mluvčí obce, česky rabín

rimonim - doslova „granátová jablka", stříbrné nástavce tyčí svitku Tóry ve tvaru granátových jablek

Roš ha-šana - Nový rok, slavený 1. a 2. tišri (září–říjen)

seder - doslova „pořádek", slavnostní rodinná hostina, slavená dva první večery svátku *Pesach,* se symbolickými pokrmy a nekvašenými chleby – macesy, viz *Pesach*

Sefarad - ve středověké hebrejštině znamená Španělsko, *sefardim* je označení pro Židy původem ze Španělska a Portugalska

sefer Tora - doslova „kniha Tóry", označení pro svitek Tóry, uchovávající dodnes antickou formu knihy jako svitku, psaného na pergamenu a připevněného na dvou dřevěných tyčích, viz *acej chajim*

sidra - týdenní oddíl Tóry; Tóra je rozdělena na 54 oddílů, předčítaných postupně každý týden během jednoho ročního cyklu

sidur - kniha modliteb pro šabat, Nový měsíc a všední den

Simchat Tora - svátek Radosti z Tóry, připadá na 22. tišri (září–říjen)

suka - stánek, provizorní příbytek s otevřenou střechou pro oslavu Svátku stánků, viz *Sukot*

Sukot - Svátek stánků, slavený u příležitosti ukončení sklizně a jako připomínka 40letého putování pouští po odchodu z Egypta, připadá na 15. až 21. tišri (září–říjen), viz *suka*

synagoga - řecky shromáždění, označení pro židovská bohoslužebná shromáždění a pro budovy, v nichž se konají

šabat - sedmý den týdne, sobota, nejdůležitější židovský svátek, jehož oslava je charakterizována zákazem práce, odpočinkem a modlitbou

šacharit - ranní modlitba

Šavuot - Svátek týdnů, dvoudenní svátek na oslavu dne, kdy Hospodin předal Mojžíšovi Tóru na hoře Sinaj, slavený 6. a 7. sivanu (květen–červen)

šiviti - tabulka s citátem Žalmu 18,8, umístěná na pultu pro kantora, resp. na pultu pro předčítání Tóry

šliach cibur - zástupce shromážděné obce, předříkávač modliteb, také *chazan* nebo *kantor*

šulchan - doslova stůl, v synagoze pult pro předčítání svitku Tóry, který stojí na bimě nebo před svatostánkem

talit - modlitební plášť, podélný pruh bílého plátna s pruhy a třásněmi, připomínajícími přikázání Tóry

Talmud - doslova „Učení", ústní zákon, obsahuje Mišnu, doplněnou Gemarou (zdokonalení, doplnění), výkladem Mišny z 3.–5. století o. l.; Talmud má dvě redakce, jeruzalémskou ze 4. století a babylónskou z 5. století o. l.; Talmud má šest oddílů, které se dělí na 63 traktátů o 524 kapitolách

tas - doslova „štít", stříbrný štít na svitek Tóry, symbolizující náprsní štít velekněze v Jeruzalémském chrámu

tefilin - kožená pozdra s úryvky textu Tóry, která si při modlitbě muži připevňují na levou ruku a čelo koženými řemínky

teva - sefardské označení pro vyvýšené pódium s pultem pro předčítání Tóry v synagoze, viz *almemor, bima*

Tóra - doslova „Učení", „Zákon", obsahuje pět Knih Mojžíšových, které tvoří náboženský základ judaismu; svitek Tóry (viz *sefer Tora*) je psán ručně podle přísných pravidel na pruhu pergamenu, uchyceném na dřevěných tyčích

Glossary of terms

Aggadah - "narration", a type of literature addressing ethical and religious issues which are explained by means of narratives, parables and proverbs.

Almemar - an Arabic term for a platform with a reading desk from which, in synagogues, the Torah is read. See *Bimah, Tevah.*

Ammud - a prayer desk for the cantor, positioned to the left in front of the ark in the synagogue.

Aron ha-kodesh - the holy ark, a chest in the east wall of a synagogue, in which the Torah scrolls are kept. Also known as hekhal in the Sephardic tradition.

Ashkenaz - in Medieval Hebrew "Germany"; *Ashkenazim,* Jews of Western or Eastern European descent.

Atzei hayyim - "trees of life", the two rollers on which the Torah is wound.

Bar mitzvah - Aramaic: "Son of the Commandment", a celebration commemorating the religious adulthood of a boy on his 13th birthday.

Bimah - a Greek expression for a platform with a reading desk from which the Torah is read, positioned in the centre or east section of a synagogue.

Cantor - a person who recites prayers during services. See *Hazzan, Sheliah zibbur.*

Ghetto - formerly a Jewish settlement in Venice set apart from the rest of the city, figuratively a closed or enforced residence area.

Golem - "imperfect, formless", an artificial being brought to life by means of supernatural means. According to legend, the Prague Golem was made from clay and brought to life by Rabbi Loew.

Haftarah - the weekly portion of the Prophets which relates to the pertinent sidrah. See *Sidrah.*

Halakhah - "Walking", a type of Jewish legal literature which sets binding rules of conduct in all areas of life.

Hanukkiyah - an eight-branched candelabrum that is lit during the festival of *Hanukkah.*

Hanukkah - the eight-day Festival of Lights, commemorating the victory of Judas Maccabeus over the Syrian Greek occupants in 165 BCE and the rededication of the Temple of Jerusalem.

Havdalah - "Separation", a ceremony concluding the Sabbath, separating the day of rest from routine weekdays.

Hazzan - a *cantor* or *sheliah zibbur* (representative of the congregation), official who directs liturgical prayer and leads the chanting.

Heikhal - a name for the Temple of Jerusalem and, in Sephardic tradition, also for the holy ark. See *Aron ha-kodesh.*

Hevrah kaddisha - a holy or burial society, an association responsible for looking after the dying and arranging burial ceremonies.

Huppah - the wedding canopy, under which the wedding takes place; symbol of the future home of the bride and groom.

Kapporet - a cover for the Ark of the Covenant in the Temple of Jerusalem; (figuratively) valance covering the upper section of the holy ark. See *Parokhet.*

Keter Torah - "Crown of Law", a symbol of wisdom and royal majesty; the Torah scroll is also adorned with a crown.

Kippah - a skullcap worn during prayer, services, festivals or at all times. See *yarmulke.*

Kohen - "priest", a descendant of the priests of the Temple of Jerusalem who pronounces the priestly blessing over the congregation on festivals; Kohanim trace their lineage back to Aaron.

Levite - a descendant of the Levites, assistants to temple priests.

Maariv - an evening prayer.

Magen David - "Shield of David", a six-pointed star (hexagram), a magical sign used by various medieval cultures, later a symbol of Jewish communities and a modern emblem of Jewishness and the State of Israel.

Mahzor - a festival prayer book.

Mappah - a binder; a narrow piece of embroidered cloth, by which the Torah scroll is bound. (Yiddish: *wimpl*).

Meil - a mantle which covers, protects and adorns the Torah scroll.

Menorah - a seven-branched candelabrum used in the Temple of Jerusalem; (in synagogues) a candelabrum usually having eight branches in the form of a menorah.

Mezuzah - "doorpost", a metal or wooden case for a parchment inscribed with biblical passages verses, fixed to the main doorpost of the home (to the right as one enters).

Mikveh - a pool used for ritual purification before the Sabbath and before a wedding, etc.

Minhah - an afternoon prayer.

Minyan - "number", the number of persons required for a liturgical service, i.e., at least 10 males over the age of 13.

Mishnah - "repetition, repeated study", codification of religious laws collected by Judah ha-Nasi in the early 3rd century CE.

Ner tamid - "eternal light", a lamp that hangs in front of the holy ark in the synagogue as a reminder of the Temple of Jerusalem that burns perpetually in Jewish synagogues before or near the Ark of the Law (Aron ha-kodesh).

Parokhet - a synagogue curtain covering the doors of the holy ark in the synagogue.

Pentateuch - Greek: "five-part book", the five books of Moses. See *Torah.*

Pesah - also called Passover, an eight-day spring festival commemorating the deliverance of the Jewish people from Egyptian bondage. It begins with the 15th and ends with the 22nd day of the month of Nisan (March–April).

Pesah Haggadah - a book of prayers, blessings, stories and songs relating to the liberation from Egyptian bondage which is read during the seder dinner on *Pesah*.

Purim - "Lots", Feast of Lots, a festival commemorating the deliverance by Queen Esther of the Jews from the massacre planned by Haman. It is celebrated on the 14th day of the month of Adar (usually March).

Rabbi - "my master," or "my teacher", the religious leader of a Jewish community who rules in questions of religious law and acts as a teacher, spiritual counsellor and spokesman of the community.

Rimmonim - "pomegranates", silver finials adorning Torah rollers in the shape of pomegranates.

Rosh Hashanah - The festival marking the New Year, celebrated on the first and second days of Tishri (September–October).

Sabbath - the seventh day of the week, Saturday, the most important of Jewish festivals, devoted to rest from work and to prayer.

Seder - "order", a ceremonial family meal celebrated on the first two nights of Pesach, with symbolic food and unleavened bread *(matzah)*. See *Pesah*.

Sefer Torah - "Book of the Law", the Torah scrolls which maintain the ancient form of the book as a scroll written on parchment and wound on two rollers. See *Atzei hayyim*.

Sepharad - in Medieval Hebrew "Spain"; *Sephardim*, Jews of Spanish or Portuguese descent.

Shaharit - a morning prayer.

Shavuot - Feast of Weeks, a two-day festival which commemorates the day when the Lord gave Moses the Torah on Mount Sinai. It falls on the 6th and 7th of Sivan (May–June).

Sheliah zibbur - a representative of the congregation who recites prayers. Also known as *hazzan* or *cantor*.

Shiviti - a tablet inscribed with a quotation from Psalm 18:8, affixed to the cantor's desk or to the desk for reading the Torah.

Shulhan - "table", a desk in the synagogue for reading the Torah, positioned on the bimah or in front of the holy ark.

Siddur - the prayer book for weekdays, the Sabbath and Rosh Chodesh.

Sidrah - "order," "arrangement", a weekly portion of the Torah; the Torah is divided into 54 sections, which are read each week during one yearly cycle.

Simhat Torah - "Rejoicing of the Torah", a festival held on the 22nd day of Tishri (from September till October) when the yearly cycle of Torah reading is completed and the next cycle is begun.

Sukkah - "Tabernacle", a temporary structure with an open roof in which is celebrated the Festival of Tabernacles. See *Sukkoth*.

Sukkot - The Festival of Tabernacles, which marks harvest's end and commemorates the 40-years of wandering in the wilderness after the Exodus from Egypt. It begins on the 15th and ends on the 21st day of Tishri (from September till October). See *Sukkah*.

Synagogue - Greek: "Gathering", a congregation of Jews who assemble for liturgical services; a building for such services.

Tallit - a white prayer shawl, rectangular in shape with stripes and fringes as a reminder of the commandments.

Talmud - "Learning", a codification of Jewish oral laws, containing the Mishnah and completed by the Gemarah (Aramaic: "Completion"), interpretations on the Mishnah between the 3rd and 5th centuries CE; Talmud comprises six sections that contain 63 tractates and 524 chapters, with 524 chapters. There are two separate collections, the Jerusalem Talmud from the 4th century and the Babylonian Talmud from the 5th century CE.

Tas - "shield", silver breastplate hung on the front of the Torah mantle, symbolizing the shield of the high priest in the Temple of Jerusalem.

Tefillin - one of two leather cases containing Torah texts, which are worn by Jewish men during prayers, one on the left arm and the other on the forehead, bound by leather thongs.

Temple - Solomon's Temple in Jerusalem, built around the 10th century BCE and destroyed by the Babylonians in 586 BCE. The Second Temple in Jerusalem was completed in 516 BCE and destroyed by the Romans in 70 CE.

Tevah - a Sephardic term for a raised platform with a reading desk from which, in synagogues, the Torah is read. See *Almemar, Bimah*.

Torah - "Instruction", the Law containing the five books of Moses which form the religious basis of Judaism; the Torah scroll (see *Sefer Torah*) is handwritten in accordance with strict rules on a strip of parchment wound on rollers.

Yad - "hand", a silver pointer in the shape of a hand, which is used to indicate the place that is being read on a Torah scroll.

Yarmulke - a skullcap worn during prayer, services, festivals or at all times. See *Kippah*.

Yeshivah - a traditional academy of Talmudic learning.

Yom Kippur - Day of Atonement, the most solemn of Jewish religious holidays, marked by fasting and day-long services, and observed on the 10th day of the lunar month of Tishri (September–October).

Glossar

Aggadah – wörtlich „das Erzählen"; Literaturart, ethisch-religiösen Fragen gewidmet, gibt mit Hilfe von Episoden, Gleichnissen und Sprichwörtern Erklärungen

Almemor – arabischer Ausdruck für das Podium mit dem Pult zum Vorlesen der Thora in der Synagoge, s. *Bima, Tewa*

Ammud – Pult für den Kantor; in der Synagoge rechts vor dem Thoraschrein aufgestellt

Aron ha-Kodesch – Thoraschrein an der Ostwand einer Synagoge, in dem die Thorarollen aufbewahrt werden, im sephardischen Milieu auch Hejchal genannt

Aschkenas – im mittelalterlichen Hebräisch der Name für Deutschland; *Aschkenasim* ist die Bezeichnung für Juden, die aus West- und Osteuropa stammen

Atzej chajim – wörtlich „Bäume des Lebens"; Bezeichnung für die Stäbe auf denen die Thorarolle aufgewickelt ist

Bar Mizwa – aramäisch „Sohn des Gebotes"; Zeremoniell zur Aufnahme eines Knaben in die Gemeinde, wenn er das 13. Lebensjahr erreicht hat

Bima – griechischer Ausdruck für das erhöhte Podium mit dem Pult zum Vorlesen der Thora, gewöhnlich in der Mitte oder im östlichen Teil der Synagoge angebracht

Chanukka – achttägiges Winterfest der Einweihung, wird zum Gedenken an den Sieg der Makkabäer über die syrisch-griechischen Okkupanten im Jahre 165 v.u.Z. und an die Neueinweihung des Tempels gefeiert

Chanukkia – achtarmiger Leuchter, bzw. Leuchter mit acht Lichtern, der beim Chanukka-Fest verwendet wird

Chasan – auch *Kantor* oder *Scheliach zibur* (Vertreter der versammelten Gemeinde), spricht die Gebete vor und leitet den Gottesdienst

Chevra Kadischa – geheiligte bzw. Begräbnisbruderschaft; ein Verein der sich vor allem um die Versorgung des Ablebenden und um die mit der Beisetzung verbundenen Handlungen kümmert

Chupa – Hochzeitsbaldachin, unter dem die Trauzeremonie stattfindet, Symbol der zukünftigen gemeinsamen Heimstätte von Braut und Bräutigam

Ghetto – Urdsprüngliche italienische Bezeichnung für die jüdische Siedlung in Venedig, die von den übrigen Stadtvierteln getrennt war, übertragene Bezeichnung für geschlossene bzw. erzwungene Siedlung

Golem – wörtlich: unvollkommenes, formloses, bzw. künstliches vom Menschen geschaffenes Geschöpf; der Sage nach schuf Rabbi Löw den Prager Golem aus Lehm und belebte ihn

Haftara – Wochenabschnitt der prophetischen Bücher, der sich inhaltlich auf die entsprechende Sidra bezieht, s. *Sidra*

Halachah – wörtlich „das Gehen"; Art der jüdischen religionsrechtlichen Literatur, die verbindliche Verhaltensregeln für alle Lebensbereiche vorschreibt

Havdala – wörtlich „Teilung"; Zeremonie zum Abschluß der Sabbatfeier, trennt den Sonnabend von den allgemeinen Arbeitstagen

Hejchal – Bezeichnung für den Jerusalemer Tempel, im sephardischen Milieu auch Bezeichnung für den Thoraschrein in der Synagoge, s. *Aron ha-Kodesch*

Jad – wörtlich „Hand"; silberner Zeigestock in Form einer Hand zum Verfolgen des Thoratexts

Jarmulka – Käppchen, das während des Gebets, des Gottesdienstes, der Festagsfeiern oder ständig auf dem Kopf getragen wird, s. *Kipa*

Jeschiwa – traditionelle talmudische Hochschule

Jom Kipur – Versöhnungstag; das bedeutendste Fest des jüdischen Jahres. Es wird mit Fasten und ganztägigem Gottesdienst begangen und fällt auf den 10. Tischri des jüdischen Kalenders (September–Oktober)

Kantor – Vorbeter, s. *Chasan, Scheliach zibur*

Kaporet – Bezeichnug für den Deckel der Bundeslade, übertragene Bezeichnung der Draperie, die am oberen Teil des Thoraschreins den Mechanismus des Vorhangs verdeckt, s. *Parochet*

Keter Thora – Thorakrone, Symbol der Weisheit und königlichen Majestät, mit einer Krone ist auch die Thorarolle geschmückt

Kipa – Käppchen, das während des Gebets, des Gottesdienstes, der Festagsfeiern oder ständig auf dem Kopf getragen wird, s. *Jarmulka*

Kohen – wörtlich: Priester, Nachkomme der Priester des Jerusalemer Tempels, der der Gemeinde den Segen erteilt; die Kohanim leiten ihre Herkunft von Aron ab

Levit – Nachkomme der biblischen Leviten, der Gehilfen der Tempelpriester

Maariv – Abendgebet

Machsor – Gebetbuch für die einzelnen Feste

Magen David – wörtlich „Schild Davids", sechszackiger Stern (griechisch: Hexagramm), Zeichen der jüdischen Gemeinden und neuzeitliches Symbol des Judentums und des Staats Israel

Mapa – Wickelband, schmaler, bestickter Stoffstreifen, mit dem die Thorarolle gebunden wird, jiddisch: *Wimpl*

Meil – Thoramantel, umhüllt, schützt und schmückt die eingerollte Thora

Menora – symbolischer siebenarmiger Leuchter im Tempel von Jerusalem, in der Synagoge gewöhnlich die achtarmige Chanukkaleuchter in Form der Menora

Mesusa – metallene oder hölzerne Hülle mit Thoraauszügen, die schräg am rechte Türpfosten eines jüdischen Hauses oder einer Wohnung befestigt wird

Mikwe - rituelles Bad, wird vor dem Sabbat, der Hochzeit u.ä. besucht, es gewährt vor allem geistige Reinigung

Mincha - Nachmittagsgebet

Minjan - minimale Anzahl von zehn Männern, die über dreizehn Jahre alt sind, die für die Durchführung des Gottesdienstes und vor allem für das Vorlesen der Thora anwesend sein müssen

Mischna - wörtlich „Wiederholung, Studium"; kodifizierter Komplex religionsrechtlicher Literatur, den zu Beginn des 3. Jhs. u.Z. Jehuda ha-Nasi anlegte

Ner Tamid - das ewige Licht, in der Synagoge zur Erinnerung an den Tempel von Jerusalem vor dem Thoraschrein aufgehängt

Parochet - synagogaler Vorhang, der in der Synagoge die Türen des Thoraschreins verdeckt

Pentateuch - griechisch: fünfteiliges Buch, die fünf Bücher Mose, s. *Thora*

Pessach - achttägiges Frühlingsfest des Vorüberschreitens, wird zum Gedenken an die Befreiung der Juden aus der ägyptischen Sklaverei gefeiert, es fällt auf den 15.–22. Nisan (März–April)

Pessach Haggada - Buch mit Gebeten, Segnungen, Erzählungen und Liedern, die sich auf die Befreiung von Ägypten beziehen und während der Seder-Abendessen des Pessach-Fests vorgelesen werden

Purim - Losfest, wird zur Erinnerung an die Errettung der Juden vor den Ränken des Vesirs Haman während des persischen Exils durch Königin Ester gefeiert

Rabbi - wörtlich „mein Meister", „mein Lehrer"; geistlicher Vorsteher einer jüdischen Gemeinde, er entscheidet in Fragen des Religionsrechts, wirkt als Lehrer, geistlicher Ratgeber und Sprecher der Gemeinde, deutsch: *Rabbiner*

Rimmonim - wörtlich „Granatapfel"; silberne Aufsätze auf die Stange der Thorarolle in Form eines Granatapfels

Rosch ha-Schana - Neujahr, wird am 1. und 2. Tischri (September–Oktober) gefeiert

Sabbat - der siebente Tag der Woche, Sonnabend, der wichtigste jüdische Feiertag, er ist ein Ruhe- und Bettag, an dem jegliche Arbeit verboten ist

Schacharit - Morgengebet

Schavuot - Wochenfest, zweitägiges Fest zur Feier des Tages, an dem der Herr auf dem Berg Sinai Moses die Thora übergeben hat, wird am 6. und 7. Sivan (Mai–Juni) begangen

Scheliach zibur - Vertreter der versammelten Gemeinde, Vorbeter, auch Chasan oder Kantor

Schiwiti - Tafel mit dem Psalmzitat 18,8, die auf dem Pult für den Kantor bzw. auf dem Pult zum Vorlesen der Thora angebracht ist

Schulchan - wörtlich „Tisch"; in der Synagoge Pult zum Vorlesen der Thora, es steht auf der Bima oder vor dem Thoraschrein

Seder - wörtlich „Ordnung"; festliches Familienmahl, wird an den ersten beiden Abenden des Pessach-Fests mit symbolischen Speisen und ungesäuerten Broten *(Mazzot)* gefeiert, s. *Pessach*

Sefer Tora - wörtlich „Buch der Thora"; Bezeichnung für die Thorarolle, die bis heute die antike Buchform als Rolle beibehalten hat, bei der auf ein Pergament geschoben wirt, des an zwei Holzstäben befestigt ist, s. *Atzej chajim*

Sepharad - im mittelalterlichen Hebräisch Spanien; *Sephardim* ist die Bezeichnung für Juden, die aus Spanien und Portugal stammen

Siddur - Gebetsbuch für den Alltag, Sabbat und den neuen Monat

Sidra - Wochenabschnitt der Thora; die Thora ist in 54 Abschnitte unterteilt, die während eines Jahreszyklus wöchentlich vorgelesen werden

Simchat Tora - Thora-Freudenfest, fällt auf den 22. Tischri (September–Oktober)

Sukka - Hütte, provisorische Herberge mit offenem Dach für das Begehen des Laubhüttenfests, s. *Sukkot*

Sukkot - Laubhüttenfest, wird als Erntedankfest und zum Andenken an die 40jährige Wanderung durch die Wüste nach dem Auszug aus Ägypten begangen, fällt auf den 15.–21. Tischri (September–Oktober), s. *Sukka*

Synagoge - griechisch: Versammlung, Bezeichnung für die jüdische Gemeinschaft, die zum Gottesdienst zusammenkommt, und für das Gebäude, in dem das geschieht

Tallit - Gebetsmantel, länglicher Streifen aus weißem Tuch mit Streifen und Quasten, die an die Gebote der Thora erinnern

Talmud - wörtlich „Lehre"; mündliches Gesetz, enthält die Mischna, die mit der Gemara (Vervollkommnung, Ergänzung), der Mischnaauslegung aus dem 3.–5. Jahrhundert u.Z. ergänzt ist; der Talmud hat zwei Redaktionen, die jerusalemische aus dem 4. Jh. u. Z. und die babylonische aus dem 5. Jh. u. Z.; der Talmud hat sechs Abschnitte, die sich in 63 Traktate mit 524 Kapiteln unterteilen

Tass - wörtlich „Schild"; silbernes Schild an der Thorarolle, symbolisiert den Brustschild des Hohepriesters im Tempel von Jerusalem

Tefillin - lederne Etuis mit Auszügen aus Thoratexten, die sich die Männer während des Gebets mit Lederriemen an der linken Hand und an der Stirn befestigen

Tempel - Salomom-Tempel in Jerusalem, um die Mitte des 10. Jhs. v.u.Z erbaut, biblisches Gotteshaus Israels, im Jahre 586 v.u.Z. von den Babyloniern zerstört, der zweite Jerusalemer Tempel wurde 516 v.u.Z. vollendet und dann im Jahre 70 u.Z. von den Römern zerstört

Teva - sephardische Bezeichnung für das erhöhte Podium mit dem Pult zum Vorlesen der Thora in der Synagoge, s. *Almemor, Bima*

Thora - wörtlich „Lehre", „Gesetz"; enthält die fünf Bücher Mose, die die religiöse Grundlage des Judaismus bilden; die Thora (s. *Sefer Tora*) wird nach strengen Regeln mit der Hand auf einen Pergamentstreifen geschrieben, der an zwei hölzernen Stangen befestigt ist

PRAŽSKÉ SYNAGOGY
Text: Arno Pařík
Fotografie:
Dana Cabanová, Petr Kliment
Grafická úprava: Vladimír Vašek
Tisk: Tisk Horák
Vydalo Židovské muzeum v Praze
2005

PRAGUE SYNAGOGUES
Text by Arno Pařík
Photography by
Dana Cabanová, Petr Kliment
English translation by
Stephen Hattersley
Layout by Vladimír Vašek
Printed by Tisk Horák
Published by the Jewish Museum
in Prague 2005

DIE PRAGER SYNAGOGEN
Text: Arno Pařík
Fotografien:
Dana Cabanová, Petr Kliment
Übersetzung ins Deutsche:
Peter Zieschang
Grafische Gestaltung: Vladimír Vašek
Druck: Tisk Horák
Herausgegeben vom
Jüdischen Museum in Prag 2005

ŽIDOVSKÉ
MUZEUM
V PRAZE

ISBN 80-86889-09-2

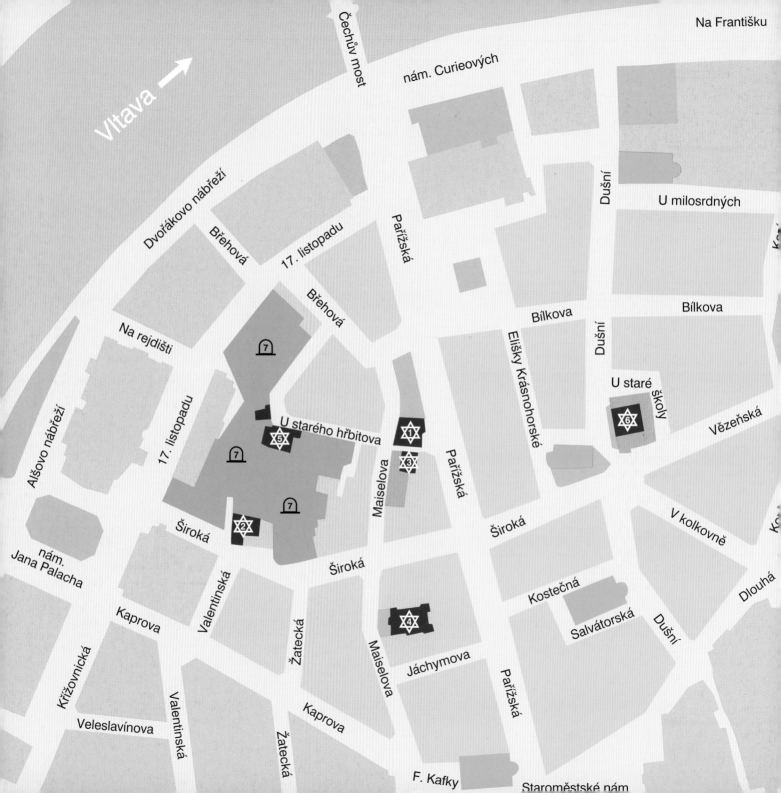

Na Františku

Čechův most

nám. Curieových

Vltava

Dvořákovo nábřeží

Břehová

17. listopadu

Pařížská

Dušní

U milosrdných

Na rejdišti

Břehová

Bílkova

Bílkova

Alšovo nábřeží

17. listopadu

Elišky Krásnohorské

Dušní

U staré školy

U starého hřbitova

Vězeňská

Maiselova

Pařížská

nám. Jana Palacha

Široká

Široká

V kolkovně

Valentinská

Široká

Kostečná

Dlouhá

Kaprova

Žatecká

Maiselova

Jáchymova

Salvátorská

Dušní

Křížovnická

Valentinská

Pařížská

Veleslavínova

Žatecká

Kaprova

F. Kafky

Staroměstské nám